16	3	2	13
5	10	11	8
9	6	7	12
4	15	14	1

José Ramos Tinhorão

MÚSICA E
CULTURA POPULAR
Vários escritos sobre um tema em comum

editora■34

EDITORA 34

Editora 34 Ltda.
Rua Hungria, 592 Jardim Europa CEP 01455-000
São Paulo - SP Brasil Tel/Fax (11) 3811-6777 www.editora34.com.br

Copyright © Editora 34 Ltda., 2017
Música e cultura popular © José Ramos Tinhorão, 2017

A FOTOCÓPIA DE QUALQUER FOLHA DESTE LIVRO É ILEGAL E CONFIGURA UMA
APROPRIAÇÃO INDEVIDA DOS DIREITOS INTELECTUAIS E PATRIMONIAIS DO AUTOR.

Capa, projeto gráfico e editoração eletrônica:
Bracher & Malta Produção Gráfica
Revisão:
Beatriz de Freitas Moreira

1ª Edição - 2017

CIP - Brasil. Catalogação-na-Fonte
(Sindicato Nacional dos Editores de Livros, RJ, Brasil)

Tinhorão, José Ramos, 1928

T492m   Música e cultura popular: vários escritos
sobre um tema em comum / José Ramos Tinhorão. —
São Paulo: Editora 34, 2017 (1ª Edição).
192 p.

ISBN 978-85-7326-656-6

1. Música popular - Brasil. 2. Cultura
popular - Brasil. 3. Folclore brasileiro - História
e crítica. 4. Teoria da cultura. I. Título.

CDD - 946.9

MÚSICA E CULTURA POPULAR
Vários escritos sobre um tema em comum

Introdução 7

Parte I
MÚSICA POPULAR:
NA TEORIA UM TEMA CULTURAL

1. Política cultural
   é sempre uma proposta política 11
2. Mitos do jornalismo cultural 25
3. O problema da invasão cultural no Brasil 29
4. Música popular e música folclórica:
   qual a diferença? 35
5. Gosto musical e indústria cultural 45

Parte II
MÚSICA POPULAR:
NA PRÁTICA UM FATO SOCIAL

6. Os fatos do fado lisboeta 53
7. O rasga: uma dança negro-portuguesa
   que chegou ao Brasil 55
8. Mário de Andrade,
   ouvinte de discos de música popular 67
9. *Country* brasileiro
   é Jeca Tatu vestido de *cowboy* 71
10. Os primeiros gêneros de música popular
    gravados em disco 75
11. Mulher e trabalho
    segundo a visão da canção popular 81
12. Os que começaram a história 99
13. Choro: um som instrumental
    que vive de improviso 119
14. Samba: dos terreiros aos enredos 131

15. Samba: no início eram os batuques 147
16. Breve história de um grande compositor
 chamado Ismael Silva 161

Sobre o autor 185
Obras do autor 186

INTRODUÇÃO

A busca obsessiva de informações sobre a história e o porquê da existência do fenômeno de cultura urbana chamado música popular levou o autor, em cinco décadas de inquirições e pesquisas, a acumular dezenas e dezenas de artigos, entrevistas, documentos impressos e iconográficos, eventualmente publicados não apenas no Brasil, mas também em Portugal.

Assim, é uma volta curiosa a esse material disperso a que o autor agora se dispõe, não com a proposta de reavaliação histórica de qualquer dos temas enfocados, mas, pelo contrário, seguro de poder reafirmar, tal e qual, todas as conclusões teórico-político-culturais neles expressas.

Amparado nessa coerência ideológica que informa tão grande e diversa variedade de temas abordados, o autor limita-se apenas, nesta sua recolha de escritos deslembrados, a reuni-los alinhados em dois blocos: um que aprecia o fenômeno da música popular, na teoria, como um tema cultural; e outro que o revela, na prática, como um fato social.

Tudo, naturalmente, procurando enxergar sempre tais fenômenos como História, mesmo correndo o risco eventual de vê-los transformados em comédia, como acontece no caso do artigo "*Country* brasileiro é Jeca Tatu vestido de *cowboy*".

José Ramos Tinhorão

Parte I

MÚSICA POPULAR:
NA TEORIA UM TEMA CULTURAL

1.
POLÍTICA CULTURAL
É SEMPRE UMA PROPOSTA POLÍTICA[1]

Em primeiro lugar, ao se discutir o problema da "cultura nacional", seria preciso lembrar que não existe uma cultura nacional — no sentido de cultura válida para todos —, mas várias culturas coexistindo em determinado momento histórico, num mesmo país.

Se é verdade que, em seu sentido mais amplo, a cultura pode ser definida como o resultado prático da ação criadora do homem em seu relacionamento com a natureza, é também verdade que essa ação se efetua por graus. De fato, ao agirem criativamente sobre a natureza, através de uma ação preconcebida, os seres humanos o fazem segundo *praxis* diferentes. Quer dizer: como a mecânica da ação criadora do homem pressupõe uma parte teórica (no plano da consciência) e uma parte prática (no plano da objetivação da ação), o produto obtido jamais será o mesmo para todos. Isto porque, como a *praxis* constitui, no fundo, o emprego dinâmico de uma série de informações, e as condições da sociedade de classes impedem o acesso de todos ao mesmo nível de informações, tanto a *forma* quanto o *fazer* estarão condicionados à quantidade e gênero da informação obtida. É isso que explica a existência de uma cultura de elite (densa de informações teóricas, hauridas dos bancos de conhecimento acumulado que são os livros e as universidades), e uma cultura popular de

---

[1] Texto reproduzido sob o título "Crise cultural é da classe média" na revista *Escrita Ensaio*, publicação bimestral da revista *Escrita*, ano I, nº 1, dedicada ao tema "Cultura brasileira em 1977", que propunha treze indagações ao autor.

nível folclórico (rica apenas de informação pragmática e tradicional). Exatamente da mesma forma como se costuma distinguir Ciência de "sabedoria popular".

Estabelecida essa premissa, pode-se concluir que cada uma das várias culturas que compõem a Cultura — e no caso do Brasil a cultura brasileira — apresenta-se sempre com uma marca de classe. A cultura da elite é "elevada" (quer dizer, reflete a posição privilegiada dos que, por ascensão social, chegaram a ter acesso aos níveis mais altos de informação); a cultura das populações pobres do interior e das camadas mais baixas das cidades é "rica em tradição" (o que quer dizer que se alimentam das informações que podem acumular fora das escolas, por transmissão oral); e, finalmente, a cultura de massa é "universal", isto é, traduz a média de informações difundida de maneira uniforme entre as classes médias urbanas de todo o mundo capitalista pelas empresas multinacionais fabricantes de artigos destinados ao mercado de arte e do lazer.

Ora, a simples enumeração desses fatos vem mostrar que, longe de constituir algo de abstrato, e imanente a eventuais condições socioculturais, as culturas que compõem a Cultura de um país se prendem necessariamente à realidade econômico-política em que vivem os cidadãos, uma vez que a hierarquização social é uma decorrência do sistema estabelecido. No caso do Brasil, qualquer discussão sobre cultura nacional remete, portanto, os debatedores para as condições da cultura não apenas numa sociedade de classes, mas numa realidade particular submetida às mais variadas contradições. Contradições estas que levam à existência de ilhas de cultura tradicional ligadas à sobrevivência do latifúndio, nos campos, e à pobreza de largas camadas do povo trabalhador, nas cidades; as ilhas de cultura "elevada" tradicional identificadas (e eventualmente até em desacordo) com as classes dominantes; as ilhas de cultura "elevada" de vanguarda, que expressam a ânsia de renovação da parte "intelectual" da classe média em ascensão; e, finalmente, permeando todo esse mosaico, a ocorrência da penetração crescente da "cultura de massa", interessada em afirmar, com a universalização dos seus artigos, que não existem fronteiras entre os países, assim como não há diferenças de classes entre os homens (pois todas as classes não se diluem na massa?).

A realidade cultural estando, assim, tão estreitamente ligada à realidade política a qual, em última análise, reflete e se inter-relaciona com a realidade econômica — pode-se dizer que não existe cultura apolítica, assim como se pode concluir que jamais se mudará o quadro geral de uma cultura sem a mudança das competentes condições econômicas que o determinam. Do ponto de vista de um inquérito sobre cultura nacional, a comprovação desses pontos é muito importante, a fim de permitir aos debatedores precisar a sua posição (necessariamente política) em face do problema que vão discutir. Pessoalmente, considero o Brasil, hoje, um país em processo de invasão pela grande indústria de produtos culturais que atendem às expectativas de apenas 5% da população. Assim, minha posição é de defesa de valores culturais que representam a verdade dos 95% dos brasileiros normalmente situados fora dos circuitos artísticos, literários e de lazer "oficiais" com direito a acesso aos canais de comunicação. É dessa posição que devem ser entendidas as respostas que serão dadas a seguir.

1) *Quais têm sido (e são hoje) as relações entre o Estado e a cultura no Brasil? É correto ver os intelectuais como tradicional e historicamente "cooptados" pelo poder no Brasil? Por quê? Quais as modificações na situação e na função social dos intelectuais brasileiros durante a última década?*

As relações entre o Estado e a cultura no Brasil sempre foram de caráter paternalista. De acordo com a herança portuguesa da cultura submetida ao *imprimatur* moral e religioso da Igreja, de um lado, e à indispensável licença política da "Real Mesa Censória", de outro, todos os governos, do Império à República, sempre se sentiram um pouco ligados a artistas, músicos e escritores, o que vale dizer, aos produtores de cultura em nível erudi-

Política cultural é sempre uma proposta política

to. Essa ligação se faz sentir quer diretamente (D. Pedro II nunca negou patrocínio e ajuda a músicos e pintores, inclusive para estudos na Europa), quer de maneira indireta, através da instituição de prêmios de viagem, bolsas de estudos ou importâncias conquistáveis através de concursos em escolas de belas-artes, institutos de música ou academias literárias. Esse envolvimento, aliás, mesmo desprezadas as formas de mecenato, se efetua normalmente pelo simples fato de ser maestro, pintor, escultor ou escritor, conferir a tais pessoas a categoria de "artistas", e, portanto, torná-los reconhecidos como portadores de uma parcela considerável de informações altamente hierarquizadas. E, na verdade, os próprios artistas contribuem para isso através de uma espécie de sacralização das suas atividades, traduzida normalmente em frases como "dignidade da arte", "dom de compor" (de escrever ou pintar etc.). Até o início do século, quando academias, institutos e escolas de belas-artes puderam absorver em seus quadros a maioria dos grandes pintores, músicos, escritores e poetas, o relacionamento entre Estado e Cultura foi mais ou menos perfeito e tranquilo. Quer dizer, o grande escritor, o grande pintor, o grande músico, o grande historiador, o grande poeta, enquanto altos representantes da "cultura", eram representantes da cultura oficial. A partir da segunda metade do século XIX, porém, quando as lutas pela abolição do regime escravo e em favor da República dividem os intelectuais, uma parte se "academiza", assumindo posições na esfera da Cultura Oficial, e outra parte (na sua maioria oriunda de novas camadas da classe média) assume uma posição de revolta romântica. Sem chegarem, é verdade, a contestar o caráter elitizado da cultura de que participavam, pois quando aparece um grande escritor negro que não respeita a dignidade da sua arte — caso de Lima Barreto, que bebia cachaça — todos se unem no desprezo solene ao colega socialmente menos "respeitável". Nos últimos anos a crescente proletarização dos artistas (nem todos são aproveitados nos altos cargos ou ganham uma posição no circuito comercial dos produtos culturais) leva uma grande parcela desses profissionais da criação e do pensamento a posições de conflito com a grande Cultura Oficial. E até mesmo de tentativa de subversão dos seus conceitos tradicionais (caso da chamada "contracultura", logo absorvida pelas estruturas como mais uma nova "proposta"). A não ser em casos isolados, no entanto, essa reação continua a ser romântica, como recentemente (1977) se comprovou com o episódio do envio, à Censura, de um abaixo-assinado de centenas de intelectuais pedindo o fim da própria Censura.

2) *Para alguns historiadores, a ideia de "Cultura Brasileira" serviu fundamentalmente para neutralizar e mascarar conflitos de classe e, portanto, para impedir a manifestação cultural de camadas subalternas, bem como para promover uma identificação imaginária de vários setores sociais ("irmanados" na construção de uma mesma "cultura") que, de outra forma, seriam divergentes. É correta esta tese? Como se pode pensar historicamente as relações entre cultura e classes sociais no Brasil?*

Como se depreende pelo raciocínio anterior, a tese é correta. O governo, como "patrocinador" de uma Cultura Oficial, estabeleceu que essa cultura é a erudita, isto é, mais altamente situada na escala de informações teóricas e escolarizadas. E os próprios artistas, escritores e poetas contribuem para isso (mesmo quando, aparentemente, em oposição ao governo) insistindo em não rever a validade do conceito da "grande arte", ou seja, da elitização da atividade artística e intelectual. A saída para esse impasse, aliás, é sempre dolorosa para o artista, escritor ou poeta, pois o obriga a abdicar do sentido de valor hierarquizado da cultura, com perda da sua antiga dignidade na hora da aceitação da igualdade criativa com os representantes da arte popular. Como impedir um certo sorriso de complacente superioridade de Carlos Drummond de Andrade ou de João Cabral de Melo Neto, num possível encontro de poesia com cantadores do povo nordestino como Diniz Vitorino, Guriatã Coqueiro ou Azulão, por exemplo?

3) *Quais as relações entre nossa cultura e a cultura univer-*
sal (europeia, burguesa etc.)? Como se coloca o problema do im-
perialismo na reflexão sobre a cultura?

As relações são as mais estreitas possíveis, pois como os símbolos da cultura são hierarquizados, o raciocínio é sempre o de que os melhores padrões de cultura são os dos países colocados eles também nos pontos mais altos da escala de valores da civilização tecnológica de que fazemos parte por identidade de modelo econômico. Essa espécie de contemplação — que leva, num segundo movimento, à alternativa de imitação da cultura do mais desenvolvido — quando interpretada sociologicamente permite concluir que, a um determinado poder de decisão econômica, corresponde um determinado poder de decisão cultural. Ou seja, que país importador de padrões tecnológicos para atualização da "sua" economia, é país importador de padrões estéticos e artísticos para atualização de "sua" cultura. O irrisório dessa dependência consentida se evidencia no campo da cultura quando, por exemplo, os artistas "eruditos" dos países subdesenvolvidos buscam a atualização da sua arte com a importação de experiências de vanguarda. E isto porque, como toda necessidade de uma forma nova pressupõe o esgotamento de um conteúdo anterior, a ausência desse conteúdo, no país ainda atrasado economicamente e socialmente em relação ao país onde se processa a inovação, faz a tentativa de repetição da experiência um ato gratuito e necessariamente sem consequências. Nesse sentido pode-se dizer, transpondo o problema do imperialismo econômico para a área da cultura, que a sujeição econômica de um país subdesenvolvido, a outros mais desenvolvidos, leva-o a importar não apenas o supérfluo industrial, mas o supérfluo cultural.

4) *É possível pensar em termos de uma "cultura nacional-*
-popular"? Qual o conteúdo e as implicações do conceito? Con-
siderando-se o estágio atual do capitalismo (monopolista de Es-
tado etc.), tem sentido falar ainda em "cultura nacional-popu-
lar"? Ela significa a mesma coisa que "nacionalismo cultural"?

Que existe uma cultura popular nacional, no sentido de uma pluralidade de manifestações culturais regionais em perfeita coerência com o estágio atual da pobreza geral brasileira, isso não há dúvida que existe. Para prová-lo basta uma consulta aos manuais de folclore, onde se relaciona uma boa centena de manifestações culturais do povo envolvendo música, dança, poesia, teatro e artesanato, todas devidamente inseridas num processo histórico que, iniciado com a colonização portuguesa e a importação de negros africanos, a partir do século XVI, continua a desenvolver-se à base de iniciativa e criatividade puramente local e nacional. Já na área em que a expectativa de ascensão socioeconômica leva uma parcela da população — principalmente da classe média — a dissociar-se daquela cultura popular e característica do subdesenvolvimento, para uma integração na cultura de massa ou na erudita, de nível universitário pretensamente desenvolvida, a tendência é para a progressiva troca de características historicamente nacionais por padrões culturais importados. Neste sentido, só se conseguirá uma cultura realmente brasileira, no plano das artes, literatura e teatro, em nível erudito, quando os artistas e escritores de nível universitário tiverem, em conjunto, o poder de decisão cultural. Isto é, quando todos — e por decisão provavelmente revolucionária — identificarem uma possível luta pela emancipação cultural à luta pelo estabelecimento de um modelo político de desenvolvimento com base no poder de decisão econômica, e na mobilização da vontade nacional.

5) Considerando-se também que a indústria cultural produziu um sucedâneo de uma cultura nacional e popular (pense-se nas telenovelas, na chamada "cultura de massa" em geral), a possibilidade desta não estaria definitivamente excluída? Enfim, tem sentido e é possível lutar hoje por uma autêntica cultura nacional-popular? Em que termos?

A chamada indústria cultural não exclui a possibilidade da existência de uma cultura nacional de características brasileiras, em todos os níveis da hierarquia das informações. Pelo contrá-

Política cultural é sempre uma proposta política

rio, seria uma poderosa aliada dessa cultura. O que acontece, apenas, é que os meios de produção da cultura de massa estão em mãos erradas. Se a produção de cultura em nível industrial obedecesse a interesses brasileiros, e naturalmente se dirigisse a um mercado interno aberto a expectativas brasileiras, todos os enlatados de televisão seriam poucos para o grande trabalho de educação, de congraçamento, de conscientização, de divulgação de informações culturais e de oferecimento de diversão que haveria por realizar. Neste sentido, pode-se dizer — levando em conta as condições atuais — que essa realidade só poderá ser alcançada com o fim da subordinação dos bens culturais ao lucro. O que é uma forma de dizer que essa realidade só seria possível com a socialização dos meios de produção.

6) *A produção cultural brasileira deu um salto quantitativo nos últimos anos: escreve-se, edita-se, filma-se, representa-se, grava-se muito mais do que antes. Entretanto, fala-se muito em "crise", em "vazio cultural". É correto empregar estes termos? Qual o seu significado?*

Por alguns dos termos incluídos na pergunta — "edita-se", "filma-se", "grava-se" — percebe-se que ela se refere a uma parte da cultura urbana brasileira ligada a meios da indústria de massa, e que envolve normalmente o trabalho de artistas da classe média universitária. Assim, é claro que, implicando o emprego de capitais, e processos de industrialização e comercialização, essa produção cultural deve necessariamente encontrar-se em crise, por inscrever-se — enquanto atividade econômica — na crise geral que ameaça o empresariado brasileiro de capital nacional. Quanto ao "vazio cultural", ele certamente se prende, com todas as suas implicações de caráter político e cultural propriamente dito, muito mais a uma crise atual da classe média brasileira que seria longo discutir aqui, mas que talvez possa ser de alguma maneira explicitada nas respostas a seguir.

18   Música popular: na teoria um tema cultural

7) *Como não poderia deixar de ser, o (aludido) recente dinamismo cultural recolocou em foco a questão da "modernidade" e do valor estético das obras de arte produzidas. O que é uma obra esteticamente grandiosa, significativa? O que é o "novo" na produção cultural? Como se coloca a questão da "vanguarda" num país como o Brasil? Qual sua expressão, seu significado, suas implicações?*

Em primeiro lugar seria bom ressalvar que esse "recente dinamismo cultural" na esfera das artes ligadas ao livro e à indústria do lazer, e que emprega profissionais e artistas de cultura altamente hierarquizada na produção de bens destinados à disputa de um mercado predominantemente urbano, é um falso dinamismo. Isto é, ele não se prende — enquanto iniciativa industrial--comercial — a qualquer mobilização planejada de meios destinados à conquista de um mercado interno para os produtos culturais brasileiros (o que só poderia ser feito dentro de uma política econômica governamental), mas corresponde simplesmente a uma série de experiências individuais, quase sempre só tornadas possíveis graças a ajuda financeira de órgãos governamentais de caráter paternalista-econômico tipo INL, SNT ou a Embrafilme. Sendo assim, a própria precariedade técnica e econômica em que essas iniciativas se realizam já parecem excluir a possibilidade da discussão séria de problemas estéticos de "modernidade" das obras delas decorrentes. A não ser, é claro, na parte do livro, onde a existência de uma atividade editorial e de um mercado tradicional (embora pequeno) permite uma visão contínua do fenômeno literatura desde pelo menos a segunda metade do século XIX. Quanto aos problemas do "novo" e da "vanguarda", volte-se à resposta dada à pergunta de número 3.

8) *Não se pode negar que na última década foram produzidas obras artísticas (e não só artísticas) importantes nos diversos setores culturais. Quais, no seu entender, as mais significativas? Por quê? Elas representam uma continuidade ou uma ruptura com experiências passadas na cultura brasileira?*

Política cultural é sempre uma proposta política

Ainda uma vez — e voltando a lembrar que não há uma cultura brasileira, mas várias — parece que a pergunta se refere a setores culturais que se dirigem a um público predominantemente da classe média universitária. Deixamos de responder a essa pergunta por não termos conhecimento do aparecimento, nos últimos dez anos, de obras realmente importantes para o processo de criação de arte brasileira em nível erudito.

9) *Sente-se que ainda inexiste qualquer visão de conjunto (de síntese, se se quiser) que permita identificar os pontos nodais da evolução cultural brasileira nos diversos setores (cinema, teatro, música, artes plásticas, talvez mesmo a literatura mais recente etc.). Caso considere isto correto, como explicar o fenômeno?*

Pelo contrário, se existem setores culturais que revelam pontos comuns numa visão de conjunto, nos últimos anos, são exatamente os do cinema, teatro, música e artes plásticas (e num certo sentido, também, a literatura "mais recente"). O ponto em comum entre toda a produção nesses setores — aliás manipulados quase unanimemente por artistas, profissionais e intelectuais da classe média — seria o da tentativa de "nacionalizar" padrões, estilos e técnicas vigentes para as mesmas artes, nos países mais desenvolvidos. E esse fenômeno se explica pela falta de poder de decisão cultural de que padecem mais do que nunca os artistas da classe média brasileira, em face do conjunto de razões ideológicas e materiais expostas antes em vários pontos das respostas precedentes.

10) *Nos últimos anos, parece ter-se acentuado uma característica da cultura brasileira: a ausência de crítica séria e sistemática. A atividade crítica no país permanece rarefeita, tímida, conciliatória e até mesmo desprovida de critérios teórico-metodológicos rigorosos, salvo algumas exceções. Como explicar isto? Qual a função da crítica cultural numa sociedade como a nossa? Quais devem ser seus parâmetros?*

Em primeiro lugar seria conveniente precisar o sentido da palavra crítica. Isto porque, na verdade, existem dois tipos de crítica: um — o mais antigo, que procede em linha direta das especulações estéticas e metafísicas de Platão em torno das artes, dando origem a trabalhos com caráter de ensaios; — outro, mais moderno e contemporâneo da imprensa, e que principalmente a partir do século XIX acompanha o dia a dia da evolução das artes, através do comentário atualizado das suas manifestações. Tanto uma posição crítica quanto outra, entretanto, possuem um ponto comum, que é o da existência invariável de um determinado posicionamento teórico por parte do crítico, em sua maneira de analisar os campos artísticos de sua especialidade, ou suas eventuais manifestações. Assim, uma revisão da trajetória da própria crítica, a partir desse posicionamento dos críticos, permite verificar que ela foi especulativa e metafísica com Platão; foi filológica — diluindo a crítica na exegese (um pouco à maneira do atual estruturalismo) — ainda na Grécia, no século I a.C.; foi retórica com Cícero e os romanos; foi teológica com os "doutores" da Igreja na Idade Média; foi reavaliadora da herança clássica na Renascença e, afinal, partindo para a avaliação estética a partir do século XVIII, veio a diversificar-se no século XIX através de posições "científicas", por influência de novas teorias políticas, da psicologia e da antropologia. Isso naturalmente sem prejuízo da sobrevivência de antigos enfoques retóricos que viriam a desembocar no formalismo da crítica estruturalista. A verdade, no entanto, é que enquanto trabalho de avaliação e comentário dos resultados da criação, em qualquer dos campos da cultura, a crítica é uma atividade contemporânea da transformação do produto artístico num objeto de mercado. Quando os livros e quadros começaram a ser vendidos para camadas cada vez mais amplas da população, e a música e o teatro deixaram os salões e paços reais para constituírem espetáculos públicos em salas de concerto com entradas pagas, a crítica se tornou necessária como um guia para os interessados. Ora, o tipo de crítica que parece interessar (e incomodar) os artistas e criadores de produtos culturais, em geral,

Política cultural é sempre uma proposta política

não é aquele que obriga a pensar nos fundamentos da própria atividade artística, mas aquele que emite (quase sempre obedecendo a motivos subjetivos) pareceres do tipo "gostei" ou "não gostei". Assim, quando a pobreza da dinâmica cultural não favorece o surgimento de críticos "pensadores" — capazes portanto, de observar os fenômenos artísticos com "critérios teórico-metodológicos rigorosos" — a função passa a ser quase exclusiva de cronistas das artes e de resenhadores de lançamentos de livros. Uma crítica realmente cultural, portanto, considerada a realidade brasileira atual, seria a que não se limitasse a uma opinião sobre o produto ou manifestação artística do momento, mas aproveitasse esse resultado para a discussão da problemática cultural em correlação com a necessidade de emancipação nacional.

11) *Para alguns, hoje se discute muito sobre cultura brasileira e se produz pouco. Para outros, o que há é que se discute mal e a produção é de baixo nível. Tradicionalmente, fala-se que "a cultura brasileira está atrasada em relação à vida", que aquela perdeu a flexibilidade e a capacidade de acompanhar e refletir esta (daí a existência do chamado "vazio cultural"). Para outros ainda, não se trata exatamente de que a cultura esteja atrasada em relação à vida e ao mundo, mas de que as formas e os métodos usados para apreendê-los é que não são os mais adequados ou consequentes (isto é, são adequados sim, mas para cumprirem outra função). Como vê toda essa problemática?*

Qualquer "crise" em determinado momento de um processo cultural indica sempre a existência de problemas afetando os produtores de cultura, que — no caso das artes de nível "superior" — são os artistas e intelectuais da classe média. No caso brasileiro, o que se verifica é uma falta de correspondência entre o que se faz no plano da "grande arte" e a realidade que cerca os artistas. Salvo em alguns casos, como no do teatro proibido de Plínio Marcos, nos trabalhos de alguns ensaístas, escritores, historiadores e sociólogos, o que se produz no Brasil, em termos de criações culturais, são ecos de realizações e experiências estrangeiras. E é isso que explica, aliás, a sensação de vazio cultural alegada: essa sensação não nasce propriamente do fato de não se estar produzindo nada, mas da incômoda verificação de que nada do que se está produzindo tem qualquer ponto de contato com a realidade. A não ser, é verdade, no sentido em que — e aqui, sim, com inteira clareza — tal situação serve para refletir no plano da cultura o quadro geral de dependência a matrizes externas instaurado pelo chamado "modelo brasileiro de desenvolvimento". A única saída para esse impasse, pelo que se pode admitir, seria uma reavaliação, por parte dos artistas, da sua participação no panorama geral da realidade brasileira, a fim de permitir uma retomada do trabalho dentro de um caminho coerente com as necessidades e expectativas do povo brasileiro.

12) *A discussão aqui proposta, bem como os problemas e antinomias que lhe são inerentes nos diversos setores culturais (por exemplo: conquista do mercado versus penetração imperialista, quantidade versus qualidade, arte popular versus arte erudita, nacionalismo cultural versus cultura de exportação etc.), vem se levantando desde há muito tempo, sem que isso tenha resultado necessariamente num enriquecimento substancial do conhecimento de suas determinações. Por quê? Quais as possibilidades de se romper o aparente círculo vicioso?*

É evidente que, uma vez realizada a reavaliação do seu papel — como aventado na resposta anterior —, se a opção da maioria dos artistas fosse de adesão aos interesses do povo estaria rompido esse alegado círculo vicioso: todos passariam a reconhecer-se nas obras produzidas, e estaria desfeita a aparente oposição entre a arte popular e a arte erudita, que é a responsável, afinal, por todas as frustrações.

13) *Por fim e em virtude disso tudo: quais os principais problemas e tarefas com que se defrontam a reflexão e a prática estética no país? Como é possível se pensar numa política cultural para o futuro?*

É não esquecer nunca que toda proposta de uma política cultural é uma proposta política. E considerando criticamente a realidade brasileira, fazer a sua escolha — com a certeza de que o futuro saberá julgá-la.

2.
MITOS DO JORNALISMO CULTURAL[2]

Se o jornalismo existe para dar notícia de tudo o que pode interessar às pessoas, jornalismo cultural seria a parte da satisfação dessa curiosidade no campo das criações ou atividades ligadas à produção de valores artísticos, espirituais ou da inteligência humana em geral. E, assim, tomando a informação de uma forma ampla, jornalismo cultural incluiria a divulgação das novidades no campo das produções da inteligência por todos os meios de transmissão de informações: o cinema, a televisão, os computadores, os jornais, as revistas etc.

Em tese, nada mais simples e fácil de compreender. O problema, no entanto, é saber como isso se processa na prática. É que, como tudo o que classificamos de cultural envolve logicamente algum tipo de trabalho intelectual ou coletivo, a produção cultural daí resultante vai estabelecer um determinado tipo de relação com os meios de comunicação marcada, necessariamente, por juízos de valor ou de interesse fora do restrito campo do fazer artístico-criativo. E é isso que coloca em pauta, desde logo, do ponto de vista do jornalismo, este primeiro problema complicador da simplicidade daquele enunciado inicial: em que medida o fato cultural particular passível de divulgação pública interessa ou não aos leitores, ouvintes ou telespectadores a que se dirigem os meios de comunicação?

---

[2] Texto publicado no *Anuário de Jornalismo*, revista da Coordenadoria do Curso de Jornalismo da Faculdade de Comunicação Cásper Líbero, São Paulo, SP, ano 1, nº 1, 1999.

Esse julgamento de valor, realizado com base na oportunidade jornalística do fato cultural a ser divulgado, estabelece desde logo uma subordinação de certa forma autoritária por parte dos meios de comunicação, ao assim erigirem-se em árbitros do que deve ou não chegar ao conhecimento do público.

Ora, como o fundamento desse julgamento prende-se a critérios ideológico-empresariais do tipo "nosso jornal ou nossa programação tem uma linha", "nosso leitor ou público-alvo se situa em tal ou tal faixa de idade ou nível social" etc., temos que, nas relações entre o fato cultural e os meios de comunicação, os valores artístico-espirituais subordinam-se a interesses práticos alheios à gratuidade do fato gerador da produção em busca de divulgação.

Para entender, pois, como funciona esse mecanismo de escolha do que deve merecer ou não divulgação, dentro do quadro geral da produção cultural, torna-se necessário saber a razão pela qual os meios de comunicação se organizam de forma a estabelecer padrões determinados de julgamento para cumprir sua missão. A resposta não é difícil. Como no mundo subordinado ao modo de produção capitalista os órgãos de imprensa se organizam como empresas — para a criação das quais empregam capitais que exigem, para sua retribuição, a conquista de mercado e obtenção de lucro —, compreende-se que a informação, constituindo o produto de tais empresas, deve ser oferecida levando em conta as maiores chances de aceitação. É essa prevalência de interesses comerciais, na busca de fatias determinadas de público consumidor de informações, que explica a determinação de linhas de orientação nos órgãos de divulgação visando sempre atender a interesses e expectativas dos grupos de consumidores a que se dirigem. Interesses e expectativas que, aliás, são detectados através de pesquisas, nunca centradas em possíveis preocupações culturais, mas sempre na descoberta de oportunidades de mercado.

É assim que se pode compreender por que, em determinado momento, apenas estas ou aquelas manifestações da criação hu-

26   Música popular: na teoria um tema cultural

mana sejam destacadas do vasto painel da produção cultural para figurar como objeto de interesse dos órgãos de divulgação, para fins de comunicação às maiorias.

Para disfarce de tais escolhas práticas, subordinadas a evidentes interesses de mercado, os responsáveis pelos meios de divulgação valem-se de mitos ideológicos, que eles mesmos se encarregam de forjar. Em meados do século XX, essa projeção ideológica de interesses comerciais-industriais passaram a manifestar-se sob a mítica figura do *jovem*, que vinha substituir a realidade da luta de classes pela nova ideia de conflito de gerações. E, assim, quando em verdade para as maiorias marginalizadas o problema era não poder acreditar em ninguém com mais de trinta salários mínimos, passava-se com o advento da geração dos jovens *hippies* do *rock* e dos Beatles a não confiar em ninguém com mais de trinta anos. E isso para, logo a seguir, quando a geração chamada "flor e amor" trocou o lirismo contestatório pelo comando da era da alta tecnologia e internacionalização do capital financeiro, o mito escolhido passou a ser o da modernidade, expresso na ideia do fim das fronteiras e da globalização.

Assim, é de compreender que na hora da decisão do que é jornalisticamente relevante, em termos de informação cultural, todos esses fatores de fundo ideológico e de interesse econômico viessem a convergir para o da escolha de formas e temas carregados dessa modernização promissora de satisfação de desejos pela difusão de sons e imagens universalizadas via satélite.

E eis como, numa contradição apenas aparente — quando bem examinada a realidade —, enquanto o *hit* das informações dos jornais sobre a produção literária passava à divulgação das listas de *best-sellers*, a maior atração anual da mesma imprensa eram as entrevistas com poetas e escritores às vezes completamente desconhecidos, apenas porque ganharam o milhão de dólares do Prêmio Nobel.

Onde, porém, essa conjuração de enganos de fundo interesseiro se evidencia com mais clareza é a escolha do noticiário das

Mitos do jornalismo cultural

criações da indústria cultural, principalmente no campo de música popular. Numa unânime fidelidade ao conceito da modernidade das releituras do *rock* — que ultrapassa já seu meio século —, as páginas dos segundos cadernos da totalidade dos grandes jornais brasileiros transforma *press-releases* fornecidos pelas multinacionais do disco em amplas reportagens. E é assim que realizam a fusão colorida de todos os mitos escamoteadores da realidade: o da modernidade oferecida — para o cultivo de jovens — do velho como se fosse o novo (representado, no caso, por sons definidos como universais, quando se sabe que, em música popular, o que se chama de universal é o regional de alguém imposto para todo o mundo).

Ora, como a característica da música de lazer é a massificação de uma média estética — naturalmente empobrecida de sua força nacional-original —, o julgamento dos jornalistas encarregados da divulgação da produção cultural-musical se transforma numa soma de frustrações consentidas: oferecer o velho como novo, aceitar como global o particular de alguém valorizado pelo mito do universal e, finalmente, apresentar a diluição como se fosse o conteúdo todo.

Tudo, afinal, muito coerente com o princípio que decorre das relações da cultura com o modo de produção capitalista: quando uma criação do espírito se transforma em produto para o comércio, seu valor deixa de ser medido pelas leis da estética, para reger-se pelas leis de mercado.

3.
O PROBLEMA DA INVASÃO CULTURAL NO BRASIL[3]

Assim como nos países capitalistas o modo de produção determina a hierarquização da sociedade em diferentes classes, a Cultura de tais países constitui, em última análise, uma cultura de classes.

De forma geral, essa diversidade cultural aparece nos países capitalistas simplificada através da divisão da Cultura em apenas dois planos: o da cultura das elites detentoras do poder político-econômico e das diretrizes para os meios de comunicação, que é a cultura do dominador, e a cultura das camadas mais baixas do povo, das cidades e das áreas rurais sem poder de decisão política, que é a cultura do dominado.

Acontece que nas nações em que a capacidade de decisão da economia não pertence inteiramente aos detentores políticos do poder, como é o caso de países de economia capitalista dependente, como o Brasil, a própria cultura dominante revela-se uma cultura dominada.

Em resultado, a cultura das camadas pobres desses países acaba sendo submetida a uma dupla dominação: em primeiro lugar, porque se situa em posição de desvantagem em relação à cultura das elites dirigentes nacionais; e, em segundo lugar, porque esta cultura dominante não é sequer nacional, mas importada e, por isso mesmo, dominada.

Do ponto de vista da cultura que traduz a realidade da maioria do povo — e que é inegavelmente a regional ou urbana

---

[3] Texto publicado no folheto *Cadernos de Cultura*, da Secretaria de Estado da Cultura de São Paulo, em 1986.

mais ligada ao gosto e às expectativas das camadas pobres e subdesenvolvidas — essa dupla dominação se manifesta com o impacto de uma agressão insuportável. É que a cultura realmente representativa da realidade do país como um todo — que é a cultura da gente pobre, sem oportunidade de escola e sem recursos — precisa enfrentar a concorrência não apenas da cultura de elite (que por ser oficial dispõe de teatro, escolas, conservatórios, orquestras, programações e verbas), mas ainda da classe média, que, enquanto consumidora de produtos da indústria cultural, e assim, também ligada a modelos estéticos importados, identifica-se mais com as elites do que com o povo, ganhando com isso mais espaço nos meios de divulgação.

Se se admite que tal observação corresponde à realidade deve-se concluir, portanto, que o problema da cultura, em última instância, é um problema político. No caso do Brasil, por sinal, quando se considera o grau de dominação a que atualmente se submetem as maiorias, com a imposição de modelos de cima para baixo e de fora para dentro, chega-se à conclusão de que, do ponto de vista da cultura dominada, a única forma de escapar à agressão seria a mobilização dos prejudicados no sentido de uma luta de libertação. Como, porém, conforme se viu, as elites e grande parte da classe média urbana se identificam mais com os interesses internacionais, por sua maior participação nos resultados do capitalismo, do que com os interesses das camadas menos favorecidas, essa luta só poderia vir a ser ao mesmo tempo insurrecional (pela necessidade de derrubar no campo interno os grupos interessados na continuação do modelo dependente) e de libertação nacional (pela necessidade de enfrentar a reação estrangeira que tal mudança das estruturas certamente acarretaria).

No fundo, o problema da representatividade da cultura brasileira, hoje, dentro do próprio país, está ligado à realidade de um estado de dominação resultante do atrelamento do Brasil a um tipo de proposta de desenvolvimento econômico que o torna necessariamente caudatário de decisões que escapam a seus dirigentes. Em sentido mais amplo, enquanto perdura esse quadro de dependência econômico-financeira a matrizes internacionais, o país vive uma espécie de farsa consentida, em que um presidente faz papel de Executivo tendo de curvar-se em suas decisões de governo a imposições de representantes de credores de uma dívida de 120 bilhões de dólares; um Congresso finge que legisla livremente, muitas vezes submetido a pressões e "recados" do poder militar; uma Justiça anuncia ser igual a todos, enquanto aplica uma legislação comprometida por 20 anos de decisões ditatoriais; e uma Força Armada Nacional promete defender a soberania do país, ao mesmo tempo que uma Lei de Segurança lhe provê o papel de força de repressão do seu próprio povo.

Assim pois caberia perguntar: como se processa e se projeta, no campo particular das músicas brasileiras, esse colonialismo cultural a que o país é submetido, em decorrência do modelo de economia dependente adotado por suas elites dirigentes?

Claro que, em coerência com o caráter econômico da dominação, é de acordo com os interesses de lucro dos dominadores que essa parte cultural do colonizado vai se efetuar. E como se efetua ele?

O colonialismo cultural estrangeiro, na área da música popular, é imposto ao povo de um país economicamente dominado sob a força de duas realidades: a primeira, de caráter econômico propriamente dito, representada pelo fato de a música popular destinada ao lazer urbano prender-se a um complexo industrial eletroeletrônico de grande peso na economia mundial; a segunda, de caráter ideológico, representada pelo fato de a música popular, graças às novas ondas e modas fabricadas por tais grupos industriais, projetar para os consumidores subdesenvolvidos uma ideia de modernidade, de conquista de *status* e de integração ao que "de mais novo se produz no mundo, em termos de som universal".

Ora, como a divulgação das produções musicais para além das salas ou comunidades regionais em que são ouvidas depende da divulgação pelos meios de comunicação, principalmente o rá-

O problema da invasão cultural no Brasil 31

dio e a televisão, será a ocupação destes espaços que irá permitir a universalização de sons musicais por todo o território do país, e, em certa medida, também por todas as classes sociais. Acontece que, como tais canais de divulgação pertencem a empresários que usam seus espaços divididos em tempo, o qual é vendido conforme determinados preços o segundo ou o minuto, será esse custo econômico das horas de veiculação das músicas que irá determinar quais, entre todos os gêneros e estilos produzidos no país ou no estrangeiro, as que serão ouvidas.

É assim, pois, que se fecha o círculo que, evidenciando a relação direta entre produção cultural e produção econômica no mundo capitalista, permite a projeção das leis do mercado para o campo da produção e divulgação de músicas populares. De fato, como dentre os muitos tipos de música existentes, apenas os produzidos pelos grupos econômicos capazes de pagar sua divulgação pelo rádio e pela televisão serão dados a conhecer ao grande público, e, como nada é por coincidência, tais grupos econômicos são sempre as grandes fábricas de discos multinacionais, resulta daí que os únicos tipos de música possíveis de serem ouvidos serão os de escolha dessas empresas internacionais.

Ora, como uma das leis do capitalismo industrial, em termos de obtenção do lucro máximo, é a da busca da produção para o mercado mais amplo possível, ao preço de custo mais baixo capaz de ser obtido, a escolha desses tipos de música — que logo serão vendidos com a chancela do "atual", de "nova onda" e do "universal" — serão aqueles que, já tendo sua produção paga no país de origem, terão sua prensagem promovida nos países colonizados sem riscos de capital.

Do ponto de vista cultural e ideológico, essa realidade de dominação econômica no campo da música popular traz para os povos dos países dependentes uma consequência cruel: é que, ao envolver a ideia de modernidade e de universalidade (quando, como se observou, o que se chama de universal é o regional de alguém imposto para todo o mundo), o som importado leva os consumidores nacionais ao desprezo pela música do seu próprio país, que passa então a ser julgada ultrapassada e pobre, por refletir naturalmente a realidade do subdesenvolvimento.

Essa espécie de vergonha de sua própria realidade, desenvolvendo-se principalmente entre as camadas de classe média com caráter de autêntico complexo de subdesenvolvimento, conduz, assim, a uma progressiva perda ou desestruturação da identidade cultural, o que desemboca no ridículo de, ao procurarem tais consumidores colonizados apresentar-se como modernos, só conseguirem aparecer como estrangeiros dentro do seu país.

Essa é a realidade em que vivemos: quem não quiser, que encontre outra.

O problema da invasão cultural no Brasil

4.
MÚSICA POPULAR E MÚSICA FOLCLÓRICA: QUAL A DIFERENÇA?[4]

Em um estudo sobre fenômenos folclóricos — escrito em 1950, e depois incluído em seu livro *Dinâmica do folclore*, de 1985 —, o grande estudioso de cultura popular brasileira Edison Carneiro assim resumia a essência do seu pensamento, a título de conclusão:

"a) O folclore reflete, à sua maneira, as relações de produção criadas entre os homens e, em consequência, se modifica à maneira que variam, na forma e na substância, essas relações;

b) Esse processo é essencialmente dinâmico, dialético, produto de ações e reações recíprocas e simultâneas, e sobretudo permanentes, de maneira que o qualificativo de tradicional só pode ser aplicado às formas revestidas pelo folclore, já que o seu conteúdo se atualiza constantemente, por efeito dessas mesmas ações e reações;

c) Por ser uma intepretação da sociedade e, por isso mesmo, um modo de influir sobre ela — uma atitude política —, o folclore tem implicações no futuro, como instrumento rudimentar de reivindicação

---

[4] Trabalho apresentado no Seminário "Música Folclórica e Música Popular", na III Mostra de Cultura Popular/Festa do Folclore, da Secretaria de Cultura de Alagoas, em agosto de 1986, e publicado no *Boletim Alagoano de Folclore*, ano XXX-XXXIII, nº 11, Maceió, 1987.

Música popular e música folclórica: qual a diferença?

social." (Edison Carneiro, *Dinâmica do folclore*, Rio de Janeiro, Civilização Brasileira, 1985, pp. 56-7)

Tais são os postulados fundamentais para uma dinâmica do folclore.

Ao estabelecer esse quadro de conclusões, que desde logo invalidava a visão imobilista do "povo" como mero "depositário de tradições", Edison Carneiro não apenas invocava a condição de fato social e dinâmico das criações folclóricas, mas vinha tocar em um ponto que, infelizmente, sua morte em 1972 não lhe permitiria aprofundar. De fato, ao lembrar que o conteúdo do folclore, por sua dinâmica de relações internas com o quadro da produção, através dos homens que o produzem, também se encontra em contínua mudança, abria campo para outra conclusão mais distante, mas que agora se pode antever: se o conteúdo do folclore reflete a mudança das relações de produção, quando um país caminha para a inserção da sua economia na divisão internacional do trabalho estabelecido pelas centrais do capitalismo industrial, então, no futuro, o seu folclore também deverá refletir não mais características de cada região, mas modelos criados pela realidade do novo quadro de relações imposto de fora para dentro.

Isto quer dizer que, tal como acontece na área dos espetáculos e da música popular urbana, produzida nos grandes centros pela indústria do lazer, a continuação do atual processo de desnacionalização da economia, através do modelo baseado na importação de capital e tecnologia, poderá levar à existência de um folclore que venha a refletir não o subdesenvolvimento real, mas a mentira do desenvolvimento dependente, através da assimilação de seus modelos culturais pré-fabricados. Ou seja, ao invés de refletir a diversidade das culturas regionais, o folclore passaria a reproduzir, adaptados à realidade da pobreza do povo, os padrões julgados mais coerentes com a nova estrutura, o que ela mesma se encarrega de divulgar através dos meios de comunicação.

Alguém poderá objetar, neste ponto, que exatamente por constituir um sistema dinâmico, que reelabora e reinterpreta os dados da realidade, o folclore jamais chegará a ter alteradas as suas características fundamentais — necessariamente regionais e brasileiras — apesar de todas as sugestões decorrentes da nova realidade baseada em modelos importados. Devemos lembrar, porém, que tal argumento seria válido se o jogo das ações e reações transcorresse, como naturalmente até pouco ocorria, segundo um sistema de pesos e contrapesos culturais que normalmente buscava o equilíbrio, sem interferências. Acontece que, com o crescimento do poder econômico e do avanço tecnológico, a visão e as expectativas da cultura urbana — que, no caso do Brasil, se revela uma mera adaptação a padrões internacionais — tem hoje uma capacidade de imposição do seu modelo jamais imaginada meia década atrás, quando Edison Carneiro no entanto já apontava a subordinação do conteúdo do folclore às mudanças no quadro das relações no sistema de produção.

Na verdade, o que o rápido processo de urbanização decorrente da expansão das áreas industriais está promovendo no país não é a síntese do novo com o tradicional, como parte de um dinâmico processo de evolução cultural, mas a superposição abrupta e esmagadora de estereótipos fabricados no exterior pela cultura de massa internacional, com a finalidade interesseira da obtenção de um padrão médio destinado a ampliar as áreas de compra no mercado.

Para ilustrar uma afirmação como essa, que de tão sombria pode parecer apressada ou por demais radical, não será preciso, entretanto, recorrer a grandes teorias ou a autoridades no estudo das tendências da cultura nas sociedades industriais, mas apenas acompanhar o noticiário da imprensa. Ao noticiar, por exemplo, a exibição de grupos folclóricos durante as festas juninas de São João no largo do Carmo, na parte velha de Belém, o jornal *A Província do Pará*, de 24 de junho de 1986, após contar que "enquanto no palco armado pela Semec no largo do Carmo um grupo de boi-bumbá se apresentava, dos pouco mais de cem pes-

Música popular e música folclórica: qual a diferença?   37

soas presentes, talvez dez no máximo, olhavam para o que se passava no palco". E concluía:

> "Ouvidos, alguns populares confessaram que estavam ali mais para curtir o próprio local, as gatinhas e a bebidinha e que apreciariam mais se estivesse sendo apresentado um espetáculo de música atual, moderna, coadunando com a juventude presente, maioria; um deles arriscando a pedir um *rock* para sacudir o astral. No palco o grupo se esforçava, sem ser notado." (reportagem "Cordões já não empolgam", *A Província do Pará*, 24/6/1986, 1º Caderno, p. II)

Como se pode perceber, o que "a juventude presente, maioria" — naturalmente da classe média — entendia por "música atual, moderna", era a divulgada através dos meios de comunicação de massa da sociedade industrial como modelo universal, ou seja, o *rock* e seus derivados. Quer dizer, a realidade representada no palco pelos artistas espontâneos do povo, que exibiam seu bumba, era interpretada pelos jovens da classe média como ultrapassada, porque o *atual*, para eles, não é a realidade do subdesenvolvimento verdadeiro, mas o modelo oferecido pelas promessas do industrialismo irreal, porque estrangeiro e dirigido a minorias com poder de compra.

Assim, o que o jornal paraense deixava claro na sua notícia era a existência de um momento típico de oposição de classes, disfarçado sob a forma de um simples confronto de culturas: a do povo representada pela brincadeira do bumba sobre o palco, e a da classe média representada pelas expectativas de modernidade, identificadas com o modelo cultural internacional. Considerada essa dualidade, poder-se-ia argumentar que o episódio não permite concluir pela próxima descaracterização ou fim do boi-bumbá em Belém, uma vez que o povo continuará a cultivá-lo como coisa sua, mesmo quando no próximo ano os jovens da classe média paraense resolvam comemorar o São João ao som de uma banda de *rock*. Aí, porém, é que se interpõe o dado mais grave, do ponto de vista do respeito à evolução natural do processo da cultura popular: é que, por representar a síntese de um complexo de símbolos e informações ligados historicamente ao mundo rural, a criação folclórica, tendo que conviver agora com os sons e imagens veiculados pela sociedade industrial, será posta diante de um dilema: ou fechar-se em si mesma — o que a levará ao estiolamento —, ou abrir-se à permeação das sugestões e símbolos que já nada têm a ver com a natureza da sua tradição — o que a conduzirá a uma caricatura de si mesma. E um exemplo disto já existe, por exemplo, com a transformação das escolas de samba do povo do Rio de Janeiro em espetáculos de luxo dirigidos ao gosto estético da classe média das arquibancadas.

Admitida a colocação do problema nestes termos, a conclusão que se impõe é a de que estamos, pela primeira vez na História, diante de um confronto entre duas realidades: a das maiorias, representada pela população pobre da área rural, dos casebres das cidades-dormitório das periferias e das favelas e cortiços dos próprios centros urbanos — que é o Brasil de verdade —, e a das minorias, representada pela pequena burguesia rural, pela classe média citadina e profissionais liberais e técnicos a serviço das elites — que constitui o Brasil de mentira, porque ligado às promessas do sistema de acumulação capitalista interno, comandado do exterior.

Ao que tudo indica, será do resultado do confronto político entre essas duas realidades socioeconômicas antagônicas — e quem sabe se não através de enfrentamento explosivo — que se poderá resolver essa contradição.

Considerada, pois, essa mudança qualitativa na forma das relações entre a música folclórica e a música popular urbana de vocação comercial, caberia fornecer alguns exemplos capazes de explicar melhor como se processava até pouco essa inter-relação dinâmica entre as duas correntes de criação.

Um dos casos mais antigos e talvez mais representativos da forma espontânea pela qual se processava o intercâmbio entre música folclórica e popular até o advento da música de massa internacional seria o do tango brasileiro "Chô Araúna".

O primeiro a dar notícia da popularidade dessa música vinda do século XIX foi Mário de Andrade, em estudo intitulado "Cândido Inácio da Silva e o lundu", publicado em 1944 no volume X da *Revista Brasileira de Música*. Nesse trabalho, em que apontava o lundu como "a primeira forma musical afro-negra que se dissemina por todas as classes brasileiras e se torna música 'nacional'" (p. 36), escrevia ele ao referir-se às deficiências de notação do ritmo nas músicas impressas:

> "Deste ponto de vista, carece não esquecer também que o 'Chô Araúna', de vida intensa e mesmo histérica entre os negros de 1881 a 1880, no Rio de Janeiro (e que eu colhi inteiramente folclorizado no Nordeste em 1929; e que minha mãe ainda me cantava na infância), não tem nenhuma síncopa, nem sequer no piano acompanhante, com que o reproduziu Friedenthal (em 1913). Década de 1870 a 1880... Época que eu hoje tenho já como indiscutível, da fixação popularesca (não ainda nas classes burguesas, entenda-se, mas da gente farrista) do maxixe... E com efeito, o 'Chô Araúna', apesar de trazer texto, é um maxixe bem característico — chamado 'tango' por Friedenthal palavra que de fato foi a mais generalizada, e ainda substitui 'maxixe' na própria terminologia de Ernesto Nazaré e Marcelo Tupinambá. Mas o processo sem sincopação, do acompanhamento do 'Chô Araúna', será efetivamente um lugar comum fortíssimo no acompanhamento pianístico dos maxixes publicados." (Mário de Andrade, "Cândido Inácio da Silva e o lundu", *Revista Brasileira de Música*, vol. X, 1944, p. 38)

Trocado em miúdos, isso quer dizer que Mário de Andrade encontrara anotado em 1913 para piano, pelo alemão Albert

Friedenthal, um velho tango brasileiro chamado "Chô Araúna", já ouvido cantado por sua mãe no início do século, e que ele, Mário, achava ser na realidade um maxixe por certos lugares-comuns do acompanhamento sem sincopação.

Ora, o que Mário de Andrade não sabia, mas vim a descobrir lendo os verbetes da *Carteira do artista*, de Souza Bastos, é que o tango "Chô Araúna" fora lançado com a assinatura do músico português Francisco Xavier de Matos Pereira Alvarenga, como número da peça do próprio Sousa Bastos chamada *Do Inferno a Paris*, em 1882, no Rio de Janeiro.

Acontece que, por aquela segunda metade do século XIX, era comum os compositores do teatro musicado apropriarem-se de temas populares, lançando-os com seu nome em arranjos para pequena orquestra, o que fatalmente terá acontecido com o maestro português recém-chegado ao Rio em 1881 em companhia de Sousa Bastos, pois o "Chô Araúna" não devia ser na verdade nem um tango — como registrou seu autor ostensivo — nem um maxixe — como aventava Mário de Andrade a partir da análise da parte de piano escrita por Friedenthal —, mas um autêntico lundu de ritmo por sinal bastante batucado:

> Chô! Chô!
> Chô araúna!
> Não deixa ninguém te pegá,
> araúna.
> Tenho dinheiro de prata,
> ó quizomba,
> Para gastá com a mulata,
> ó quizomba...

De fato, não se pode imaginar que um músico recém-arribado de Portugal, por maior que fosse seu talento, pudesse compor logo à chegada um motivo negro-brasileiro tão próximo das raízes populares, que não apenas se transformaria em sucesso nacional, mas devolvido ao povo pelo teatro — inclusive através de

Música popular e música folclórica: qual a diferença? 41

relançamento em 1885 na peça *Cocota*, de Artur Azevedo — acabaria sendo "refolclorizado". E, na verdade, o escritor gaúcho Aquiles Porto Alegre (nascido em 1842 e falecido em 1926) o ouviria cantado no Sul no fim do século XIX por uma vendedora de balas, por isso apelidada de "Araúna" e — pasmem! — também o professor Vicente Salles, autor do livro *O negro no Pará*, cantado por uma menina em Belém, em 1967.

E o curioso é que, já agora, ninguém poderia dizer se a melodia do "Chô Araúna" chegou aos ouvidos da menina paraense pelos caminhos da tradição oral, ou em consequência do relançamento da música a partir da cidade, pois em janeiro de 1945 o cantor Marino Gouveia a gravaria como maxixe cantado no lado B do disco de 78 rotações nº 15.275, da Continental.

Esse é um exemplo do intercâmbio entre música folclórica e popular no século XIX, quando a comunicação da própria gente das cidades com as fontes de produção musical ainda eram diretas, pois era preciso comparecer como público diante dos músicos, nos teatros ou nos coretos das praças, para ouvi-los tocar, ou então executar pessoalmente as músicas, o que era feito quase sempre em casa, ao piano.

Quando, porém, na virada do século XIX para o XX, surgiu a possibilidade de gravação de sons por processo mecânico, primeiro através de cilindros, e depois a partir de discos, as alternativas de troca de influências passaram a privilegiar o meio tecnológico de produção de música, pois os discos fabricados na cidade chegavam facilmente a qualquer ponto do interior, enquanto a audiência do som regional continuava a ser apenas direta e local.

Nas primeiras duas décadas deste século XX essa vantagem da música urbana não se fez sentir de forma desequilibradora, por não haver ainda produção organizada para o mercado específico (que logo se formaria). As próprias gravadoras e seus cantores e instrumentistas se valiam da música regional para suprir a demanda de criação. Um exemplo seria o do recém-chegado alagoano José Luís Rodrigues Calazans, o Jararaca, que tendo viajado em 1921 do Recife para o Rio de Janeiro como integran-

42   Música popular: na teoria um tema cultural

te do conjunto Turunas Pernambucanos, já em 1922 conseguia ver seu nome impresso no selo do disco Odeon n° 122.102, da Casa Edison, assinando o sucesso "A Espingarda", que cuidadosamente levava sob o título a confissão da origem folclórica do motivo: "embolada alagoana".

Assim, como a música popular produzida com objetivos comerciais, nas cidades, principalmente no Rio de Janeiro, espalhava por todo o Brasil através das cornetas dos gramofones um som que — embora já estilizado, como se nota pela flauta típica de choro carioca no acompanhamento da embolada — obedecia a matrizes sonoras brasileiras e populares, era possível acontecer, inclusive, influência no sentido inverso. Isso ia se dar com um maxixe de um dos compositores mais tipicamente urbanos e profissional da música popular, o famoso pianeiro carioca José Barbosa da Silva, o Sinhô. De fato, em 1978, quando a Bandeirantes Discos, de São Paulo, lançou sob selo Clack o primeiro LP do mais engraçado e talentoso palhaço do pastoril pernambucano, o Faceta, a música que ele cantava com suas pastoras sob o título "Brinquedinho de Taioba" era, nada mais, nada menos, do que a mesma do maxixe "Caneca de Couro", de Sinhô, gravado em 1925 no disco Odeon n° 122.783 da Casa Edison pelo cantor Fernando.

Até aí, como se pode concluir, a troca de informações entre a música popular urbana e a folclórica manifestava-se de forma razoável, e até certo ponto interessante, porque enriquecedora. E isso, mesmo quando, em um ou outro caso isolado, já se interpusesse a influência de algum modelo de música importada, como detectaria na década de 1930 o atento Mário de Andrade: "No Nordeste surpreendi o *fox-trot* 'That is My Baby' convertido em coco" (artigo dos *Diários Associados*, de 6 de fevereiro de 1941, reproduzido no volume *Música, doce música*, vol. XVII das *Obras completas* de Mário de Andrade, São Paulo, Livraria Martins Editora, 1963, p. 348).

Em casos isolados como esse, o tema melódico imitado era inevitavelmente subordinado ao ritmo regional que o adotava, no caso o do coco, e a síntese estava feita sem prejuízo da integridade da matriz popular brasileira. Com o domínio absoluto no rádio e na televisão das modas musicais importadas principalmente dos Estados Unidos, porém, como tornar possível de ora em diante a efetuação dessa síntese transformadora, através do folclore? Realmente, uma coisa era gravar-se espertamente no Rio de Janeiro uma versão urbanizada da marcha de pastoril da "Jardineira", como aconteceu em 1939, e vendê-la como marchinha do Carnaval carioca. Era um golpe baixo, mas, afinal, acabava tudo em casa. Agora, porém, o que acontecerá quando o máximo de brasileiro que a indústria da música de consumo devolve ao povo é uma música de marujada transformada em *reggae*, como acontece no disco do conjunto roqueiro Os Paralamas do Sucesso? (LP *Selvagem?*, Odeon, faixa 4 do lado A).

O confronto resultante do processo de dominação cultural a que o Brasil é submetido desde a imposição do advento do modelo de capitalismo dependente em 1964 está aí, inteiro, nesse exemplo. Quem conhece a versão folclórica do refrão do "Marinheiro Só" gravada para a Discos Marcus Pereira em 1977, na Paraíba, e que saiu com o título de "Somos Marujos do Mar" na faixa 4, lado B, do LP *Viva a Nau Catarineta!*? Agora, quem não conhece a do Paralamas do Sucesso?

Acho que fica aí, nessas perguntas, alguma matéria para pensar.

5.
GOSTO MUSICAL E INDÚSTRIA CULTURAL[5]

Como se forma o gosto musical?

A verdade é que isso a que chamamos gosto tem a sua explicação. De fato, toda produção artística, seja ela qual for, constitui uma projeção do nível cultural em que se situa o seu criador, chamado de artista. Ora, como em uma sociedade de classes esse nível de informação capaz de ser utilizado numa obra artística depende da colocação pessoal do criador dentro da estrutura social, tem-se como resultado que toda obra de arte — e a musical não foge à regra — exprime a cultura de uma classe, que é exatamente a do artista. No caso do Brasil, essa realidade se exprime entre os vários tipos de música e as características e diferenças do nível em que se processa o modelo de desenvolvimento econômico adotado pelo país.

Como se define esse quadro?

De baixo para cima, ele pode ser definido assim:

1) A cultura regional, quase sempre ligada à realidade do mundo rural, menos desenvolvido e, portanto, uma cultura não aprendida em livros, chamada de folclórica;

2) A cultura popular dos pequenos centros urbanos ou das periferias das grandes cidades, a qual — pela origem rural recente da maior parte da sociedade brasileira — se confirma em subprodutos, quer da cultura regional (música "sertaneja", compos-

---

[5] Entrevista a Arcírio Gouvêa Neto publicada sob o título "Tinhorão, o implacável" no *Jornal da ABI*, órgão oficial da Associação Brasileira de Imprensa, nº 340, abril de 2009, pp. 16-18.

ta por profissionais do disco), quer da cultura urbana de massa (*funk*, *rock*, *pop*, baladas românticas e pagodes comerciais);

3) A cultura popular urbana não livresca, e eventualmente também impregnada de vestígios da cultura rural particular dos grupos de trabalhadores não qualificados e da gente pobre da cidade em geral (o pessoal das escolas de samba, por exemplo);

4) A cultura popular urbana já impregnada, através da educação escolar, de informações escritas (revistas de fofocas, de entretenimento, histórias em quadrinhos, segundos cadernos de jornais etc.) ou oral-visual (rádio, televisão, internet, DVD, cinema), mas ainda sem entender a cultura superior;

5) A cultura popular urbana de classe média emergente, com acesso à universidade e internet, e altamente influenciada pelos modelos estrangeiros (especialmente o norte-americano), por sua ligação com a ideia de ascensão social (o que explica a obsessão pelo novo, pelo diferente, pelo moderno, o "estar por dentro", "na onda" etc.);

6) A cultura oficial, de elite, representada pelos padrões adotados institucionalmente em academias de letras, tribunais, no Congresso, em teatros oficiais, escolas e universidades. Assim, quando uma pessoa diz que gosta de um tipo de música e não de outro, está simplesmente indicando a faixa cultural a que se liga, na quase totalidade dos casos, por força de sua posição na hierarquia social.

Por que essa indústria, digamos, astutamente, joga tanta inutilidade e besteirol da pior qualidade nesse balaio de gato que virou o cidadão-consumidor, classificado genericamente de massa?

A explicação é simples: como a criação de música se transformou em uma atividade comercial e industrial, em detrimento de sua qualidade, é preciso atingir faixas cada vez mais amplas da sociedade, para que os produtos, CDs, DVDs, filmes, iPods etc. se tornem realmente rentáveis para quem os produz e vê neles apenas o lucro. Ora, considerando-se que, cada camada da sociedade se encontra em determinado estágio de cultura, a indústria procura refletir não a verdade de cada uma dessas camadas, mas produzir — através da diluição da informação cultural — uma média capaz de ser apreciada e compreendida por uma maioria de pessoas englobadas genericamente sob o nome de massa.

A consequência desse processo é o competente rebaixamento dos produtos artísticos enquanto símbolos da riqueza interior do ser humano ou espelhos de sua mais profunda possibilidade. O que quer dizer, invertendo a imagem, que tais produtos pobres de conteúdo artístico passam a traduzir apenas a realidade de gosto pobre de conteúdo humano. Esse trabalho de manipulação do mercado é conseguido pela exploração inteligente das expectativas de ascensão social, principalmente das camadas baixas da periferia dos grandes centros urbanos e dos grupos emergentes da classe média da própria cidade.

A realidade passa a ser então um grande conflito?

Não tenha dúvida. Colocada entre ter que escolher entre a aceitação dessa realidade pobre e bitolada e as promessas de um estilo de vida rico de alegrias apresentado pela indústria de consumo (*à la* Big Brother), as camadas mais altas da classe média não têm dúvidas: optam pelo segundo modelo, idealmente projetados pelos anúncios de carrões, novelas alienadas da cultura nacional, com mansões luxuosas e enredos envolvendo a vida glamorosa do dinheiro e de ricas empresas. E dessa forma, como num passe de mágica, a realidade geral vigorante para a maioria das camadas se apaga e o real passa a ser a vida em circuito fechado dessa minoria com capacidade econômica de acesso aos bens revestidos da aura de "valores modernos".

A tendência desses poderosos aglomerados internacionais então é procurar essa faixa social porque tem poder aquisitivo; o pobre passa batido e não interessa a eles?

É isso mesmo. Os produtos desses "valores modernos" só contam no mercado com essas minorias. As grandes massas trabalham e renunciam à sua parte da divisão do bolo nacional, para que os investimentos feitos pelo governo à sua custa (do pobre) possam realimentar o tempo todo o pequeno circuito fechado em que gira a riqueza, envolvendo o comprador com alto poder aquisitivo de um lado e a indústria de artigos sofisticados de outro.

O resultado não se faz por esperar. Assim, como o veículo ideal para o anúncio dos produtos industriais de alta sofisticação é a TV e, como "por coincidência", esses produtos são todos muito caros (e, portanto, só ao alcance das minorias com poder aquisitivo), a tendência da programação é procurar atender ao gosto e às expectativas desses poucos que constituem o mercado potencial dos produtos anunciados nos intervalos comerciais, e não das maiorias pobres que cumpram aparelhos de TV pelo crediário.

A partir daí perdemos a identidade nacional de rica e diversificada cultura e passamos a ser um país sem rosto, sem lenço e sem documento.

Isso, você matou a charada. Como essa classe média colonizada é manipulada — sem ter a cultura necessária para perceber isso —, pelos grandes monopólios internacionais, o que se verifica é que o universal da classe média brasileira acaba sendo o regional das classes médias mais poderosas economicamente, em detrimento, volto a dizer, do que é realmente nacional.

Depois de um certo tempo, com a continuidade do processo de dominação econômico-cultural transformado em realidade aceita e indiscutível ("vive-se num mundo globalizado", "acabaram-se as fronteiras", "o importante é a música ser boa, venha de onde vier", "as influências sempre existiram", "vivemos a era da informação", "ninguém pode deter o progresso" etc.), é só manter o fogo aceso.

Esse processo viciado e esperto atende apenas ao desejo dos conglomerados internacionais, porém ganha o conceito de real e "brasileiro" no gosto dos consumidores em potencial devidamente manipulados. Desse momento em diante, os alienados assumem inclusive uma posição de crítica a partir dos enganos aceitos e quem protesta contra esse *status quo* da dominação cultural estrangeira — veja o exemplo do *Halloween* — passa a ser apontado como retrógrado, ultrapassado e xenófobo.

Parte II

MÚSICA POPULAR:
NA PRÁTICA UM FATO SOCIAL

6.

OS FATOS DO FADO LISBOETA[6]

Quem ouve hoje em Lisboa um cantor a interpretar com doridos "ais" — no melhor estilo de Amália Rodrigues ou de Maria da Fé — os versos de um fado cheio de sentimento, está longe de imaginar que assiste apenas ao momento atual da evolução de um cantar urbano surgido dentro de uma dança levada há mais de um século e meio do Brasil para Portugal já com o nome de fado.

Criados a partir do canto que fazia parte da dança, pela gente das camadas baixas de Lisboa frequentadora de tabernas, baiucas e "casas de moças" — o que explica o nome inicial de fadistas tanto para as "perdidas" quanto para seus "protetores" —, os fados resultavam quase sempre de quadras improvisadas no estilo de canto à desgarrada, vindo do tempo do fandango setecencista. E, assim, como bom produto de pessoas corajosas o bastante para rir em meio às dificuldades da vida, os fados não eram necessariamente tristes. Havia os alegres, que eram os fados "à piada" ("Encontrei Frei João/ Numa manhã de geada/ Com instrumento na mão,/ Vinha a ser uma guitarra") e, é claro, os que cantavam desencontros do amor e, por isso, eram chamados muito a propósito de fados "à disgracia" ("Por ti, a quem tanto amei,/ Fui desprezada, esquecida,/ Hoje vivo lamentando/ A minha honra perdida"). Foi a partir da década de 1850, depois de os fidalgos boêmios, conhecidos por marialvas, terem seguido o exemplo de "democratização" do conde de Vimioso (que não es-

---

[6] Texto publicado no *Guia de Lisboa e Roteiros de Portugal*, Lisboa, Edições Colibri, 1998.

condia a queda pela fadista Severa), que o fado chegou às salas das "famílias". Já então, porém, bem enfeitado por um choradinho das guitarras sobre o qual ia apoiar-se um estilo de interpretação sentimental a ser conhecido por "fado das salas", e cuja melodia, logo impressa em partituras para piano, figurava às vezes com o nome pretensioso de "noturno".

Foi para superar essa dupla polarização inicial entre canto proletário à guitarra e canção da elite ao piano, que a partir de 1880 os fados começaram a dirigir-se também à classe média. Em Coimbra ia surgir entre os estudantes universitários um fado de versos mais bem cuidados e, mais tarde, ainda outro tipo de fado que, produzido com esperta visão comercial por compositores dos teatros de revista de Lisboa e do Porto, ampliavam ainda mais o interesse do gênero para amplas camadas das cidades. E ia ser esse estilo de fado que, aproveitando vozes do povo encontradas em palquinhos de feira e estrados de retiros, passaria do teatro para o disco, e, finalmente, para o rádio e a televisão durante o século XX. Era o fado que agora se vende com o rótulo de "canção nacional", inclusive no mercado da música internacional.

7.
O RASGA: UMA DANÇA NEGRO-PORTUGUESA QUE CHEGOU AO BRASIL[7]

A notícia agora trazida a este colóquio "Sonoridades Luso--Afro-Brasileiras" parece feita a propósito para justificar o tema do encontro pela evidência do exemplo histórico: trata-se de uma comunicação destinada a revelar o surgimento, em Lisboa da segunda metade do século XIX, de uma dança que, sob o nome de rasga, vinha repetir em Portugal o fenômeno tão conhecido nas Américas da criação de músicas locais através do casamento da melódica europeia com os ritmos africanos.

Ante o fato de esse curioso acontecimento cultural ter passado, no entanto, tão despercebido que nem mesmo os dicionários da língua portuguesa lhe registram o nome, será o caso de iniciar a fala esclarecedora pela lembrança da música esquecida, tal como gravada em Lisboa pelos fins da primeira década do século XX, em disco transformado hoje em raridade.

Esse tipo de música sugerida pelo rasgado rítmico do instrumento idiófono chamado ganzá havia sido introduzido em Portugal — tal como aconteceria também no Brasil — pelos negros tirados da África, como escravos por navegadores (e depois

---

[7] Primeira notícia sobre a existência da dança negro-portuguesa, denominada rasga, surgida em Lisboa no século XIX e ainda viva no Brasil em inícios do século XX. O texto é da comunicação do autor ao colóquio "Sonoridades Luso-Afro-Brasileiras" realizado em Lisboa em novembro de 2003, posteriormente ampliado e editado em livro sob o título *O rasga: uma dança negro-portuguesa*, no Brasil pela Editora 34, em 2006, e em Portugal pela Editorial Caminho, de Lisboa, na coleção Caminho da Música, em 2007.

traficantes) portugueses a partir de 1444, quando Dinis Dias — de regresso da costa da Guiné e ilha de Cabo Verde — apresenta ao infante D. Henrique os quatro primeiros africanos filhados diretamente em seu *habitat*.

Iniciado o comércio pacífico desses escravos africanos com o estabelecimento em 1448 da feitoria de Arguim (porque desde 1441 havia na região do Cabo Branco um tráfico predatório que incluía berberes e árabes entre os cativos trazidos a Portugal), a entrada regular de negros na metrópole começa pela média de setecentos a oitocentos por ano. Número que ainda nessa primeira metade do século XV atingiria a média de 3.500 entre 1475 e 1495, segundo estimativa de Duarte Pacheco Pereira.[8]

Embora levados a portos diversos de Portugal apenas de início — a partir de 1512 o monopólio real obrigava o desembarque em Lisboa — os quase 150.000 "etíopes", "mouros negros", "guinéus" e, finalmente, "pretos" sacados da África entre 1441 e o início da segunda parte do século XVI iam espalhar-se desde logo por todo o país.

Segundo oportuno levantamento efetuado pelo investigador inglês A. C. de C. M. Saunders em arquivos distritais e livros paroquiais portugueses, e em documentos oficiais do Reino Unido e da Espanha, a cronologia da chegada de negros da África a Portugal indica, para o século XV, as seguintes datas e locais: 1441, Lagos; 1444, São Vicente do Cabo e Lisboa; 1459, Beja; 1461, Santarém; 1466, Évora, Arrifana e Braga; 1468, Évora Monte; 1489, Vale do Zebro; 1493, Tavira. E para o século XVI, apenas até 1528: 1500, Alter do Chão; 1507, Almeirim; 1514, Miranda do Douro; 1517, Penicbe; 1519, Vila Nova de Portimão; 1520,

---

[8] Informações estatisticamente pormenorizadas podem ser encontradas no capítulo "Os números da escravidão até o início do século XV", do livro do autor *Os negros em Portugal: uma presença silenciosa*, Lisboa, Editorial Caminho, 1988 (2ª ed., 1997).

56   Música popular: na prática um fato social

Alvito e Serpa; 1523, Castelo de Vide; 1526, Coimbra; 1528, Murga.[9]

Dessas 26 cidades portuguesas a que documentadamente chegaram africanos feito escravos de meados do século XV a inícios do século XVI, duas vieram a contar com quase 10% de negros em sua população: Lisboa, com 9.950 numa população de 100 mil habitantes (segundo Rodrigues de Oliveira em censo "feito cerca de 1551"),[10] e Évora, onde entre 1547 e 1555 a proporção chegou a 9,4% de negros numa população de 11.252 moradores intramuralhas. Excluídas essas duas cidades de concentração negra mais acentuada, os índices de população de origem africana nas cidades portuguesas oscilariam ainda assim entre os 6% atribuídos ao Porto (que em 1527 contava cerca de 700 escravos e mais duas dezenas de libertos numa população de 12 mil habitantes)[11] e a média de 2% na maioria dos centros menores.

Tais dados estatísticos, embora por si sós tão reveladores da forte presença de negros na população portuguesa desde o século XV, poderiam parecer, afinal, um frio alinhamento de números, não fora a contribuição de pintores e xilogravuristas anônimos ao fixarem por esse tempo, em telas e desenhos, alguns aspectos vivos da realidade social. Uma dessas visões do animado panorama urbano de Lisboa de meados dos Quinhentos aparece na tela de um pintor anônimo de visível influência flamenga que,

---

[9] A. C. de C. M. Saunders, *História social dos escravos e libertos negros em Portugal (1441-1555)*, Lisboa, Imprensa Nacional/Casa da Moeda, 1982, p. 83.

[10] Christóvão Ruiz Rodrigues de Oliveira, *Sumário em que brevemente se contem algumas cousas (assi ecclesiasticas como seculares) que há na cidade de Lisboa*, ed. Germão Galhardo, s.d., "Feyto cerca de 1551". Citação conforme a edição de 1939. Lisboa, Casa do Livro, com apresentação e notas de A. Vieira da Silva.

[11] Joaquim Magalhães, *Para o estudo do Algarve durante o século XVI*, Lisboa, Edições Cosmos, 1940.

pela altura de 1570, fixaria um flagrante da movimentação humana no vasto espaço público do Chafariz del Rey.

Embora, como todo artista, visivelmente inclinado a concentrar em seu quadro tudo o que lhe parecia pictural — ou, como dizem os italianos, *pittoresco* —, o pintor não deixava de reunir no espaço de sua tela o conjunto da realidade oferecida a seus olhos. E assim é que nesse instantâneo do dia a dia de Lisboa daquele final dos Quinhentos, das 170 figuras humanas retratadas pelo pintor na movimentada praça do Chafariz del Rey, fronteira ao Tejo, nada menos de 38 eram de negros: escravos, homens e mulheres, que só podiam ser os pais e mães das crianças, talvez já negro-portuguesas, que apareciam a brincar.

E é aí que, ao atentar para certos pormenores do quadro, se vai destacar, ao alto, à direita, um grupo de negros a dançar — um deles empunhando um pandeiro — ao som da viola tocada por um branco português, numa antecipação do clima sonoro luso-africano que trezentos anos depois faria surgir nessa mesma Lisboa a dança e canto do rasga.

A forte presença dos negros nesse clima sonoro aparece ainda no mesmo quadro confirmada por outra figura: a do jovem criado preto que, na parte inferior da tela, é visto no barco que transporta um passageiro branco pelo Tejo a agitar, na mão erguida acima da cabeça, as platinelas de um pandeiro desencorado.

Embora a predominância da contribuição negro-africana à produção de sons musicais na área das camadas baixas de Portugal, tal como continuaria a acontecer nos séculos seguintes (inclusive no Brasil), se concentrasse na parte do ritmo, haveria exceções como a revelada por Antônio Ribeiro Chiado em seu *Auto da Natural Invençam*. Nessa farsa anterior a 1549, um dos personagens — tal como já antecipa a xilogravura que ilustra a capa da edição da peça — era um músico negro figurado a empunhar um cordofone de caixa arredondada semelhante à dos banjos. Nome banjo este, por sinal, originado do quimbundo *mbanza* e que em Portugal estava destinado a transformar-se na palavra banza, tão usada na virada dos séculos XIX-XX para carinhosamente designar a guitarra dos fados.

Na verdade — como o texto da peça revela —, o músico negro era um tocador da rudimentar viola popular chamada ainda por aquele meado dos Quinhentos de guitarra. E a surpresa ante tal habilidade do negro músico componente do grupo teatral ambulante que levava o dono da casa, que contratara a encenação de uma peça, a penitenciar-se, exclamando, depois de comprovar a qualidade artística do personagem:

> Perdoe vossa mercê,
> Vá-se lá pera as figuras...
> Autor, comece a vir
> Bem se pode o negro ouvir
> Inda que cante às escuras.[12]

A iconografia do negro em Portugal mostra, aliás, em várias pinturas do século XVI, figuras de pretos a tocar trombetas e sacabuxas, mas estes instrumentistas — tal como seria o caso dos futuros músicos ambulantes a serviço da Igreja nos peditórios de rua — não servem para demonstrar o tipo de sonoridade que levaria à criação do ritmo do rasga. A música que lhes era dado tocar era a oficial, europeia, profana ou religiosa, incompatível com a retumbância de tambores ou frenéticos rascados de canzás.

Uma prova, porém, de que o som dos canzás, ou ganzás, tão ligados à tradição da música africana, era ouvido tanto em Portugal quanto em sua colônia no Brasil, seria fornecida pelo desenho do soldado alemão a serviço dos invasores holandeses

---

[12] *Auto da Natural Invençam — Auto feyto por Antonio Ribeiro Chiado*, citação conforme reprodução de exemplar do folheto quinhentista da peça existente na Biblioteca Nacional de Lisboa, em *Autos de Ribeiro Chiado*, volume originado por Clarice Berardinelli, Rio de Janeiro, Instituto Nacional do Livro, do Ministério de Educação e Cultura, 1968.

de Pernambuco, Zacharias Wagener, que entre 1636 e 1641 fixaria no Recife a cena de uma *negertanz*.

Essa "dança de negros" constituía, por toda a evidência, não um alegre batuque profano, destinado à diversão, mas certamente uma dança ritual da religião africana, como se pode perceber pela figura, central, mostrada na atitude típica de quem "cai no santo" ou é possuído pela entidade espiritual de um orixá.

Se a dança registrada no traço do soldado alemão era religiosa, no entanto, os tocadores responsáveis pela música eram os mesmos que, com iguais instrumentos de raspa e percussão, animavam os ruidosos batuques das danças logo registradas, sucessivamente, em Portugal e no Brasil nos séculos XVII e XVIII sob os nomes de cumbé, gandum, lundu, fofa, fado e — finalmente, no século XIX — de rasga. De fato, bem observado o desenho, entre os dois tocadores de tambor sentados no tronco de árvore caído, lá está um a raspar com fina cana o longo cilindro de madeira de um canzá.

A iconografia do negro no Brasil, nisto de demonstrar a constância do uso do ganzá por escravos negros e seus descendentes crioulos, serve para suprir a falta de tais imagens em Portugal, onde, no entanto, não falta registro escrito do instrumento em Lisboa ainda na primeira metade do século XVIII.

No Brasil, a comprovação da constância do uso do ganzá entre os negros escravos e seus descendentes crioulos no século XVIII aparece — aliás, lindamente representada — na série de aquarelas intitulada *Riscos iluminados de figurinos de brancos e negros dos usos do Rio de Janeiro e Serro Frio*, do capitão de mineiros da corte, Carlos Julião, nas pranchas XXXIX e XXXVI, em que focaliza, respectivamente, o desfile da "coroação de um rei negro nos festejos de Reis" e o "cortejo da rainha negra na festa de Reis", aparece — tal como se vê — tanto em um, quanto no outro, o indefectível ganzá em mãos dos tocadores, negros e negras.

Em Portugal, a falta de documentação iconográfica de presença do ganzá entre os negros da terra é suprida pela descrição, em número da publicação *Folheto de Ambas Lisboas*, de 1730, de uma festa do Rosário dos pretos de Alfama realizada no primeiro domingo de outubro daquele ano. Nessa espécie de reportagem bem-humorada da forma pela qual os negros de Lisboa cultuavam, por aqueles inícios dos Setecentos, a santa católica de sua devoção, escrevia o redator do *Folheto de Ambas Lisboas*:

> "A festa do Rosário desta Igreja (do Salvador) se celebrou hoje domingo primeiro deste mês com excessivo aparato. No adro estava um rancho de instrumentos, com uma bizarra dissonância, porque estavam três marimbas, quatro pífaros, congos e canzás, instrumentos de que usam [os irmãos negros do Rosário, naturalmente]."[13]

Assim, ante tão repetidas e claras indicações da existência, nas áreas populares da cidade, de um clima sonoro de ritmos e cantos africanos — em que se destacaria, por certo, o iterativo rasgado dos canzás —, não é de estranhar que pelos meados do século XIX viesse a surgir nessa mesma Lisboa um novo gênero de música para dança e canto, desde logo chamado de rasga.

Quase certamente criação de compositores brancos do teatro musicado, sempre interessados na produção de novidades destinadas a atender ao gosto das novas camadas da classe média urbana, o novo gênero de música baseado na sonoridade dos ganzás negro-populares foi lançado na virada dos anos 1878-1879 em Lisboa, numa "ópera cômica" intitulada *Processo do Rasga*.

---

[13] *Folheto de Ambas Lisboas*, nº 7, de outubro de 1730, Lisboa Ocidental, na Oficina da Música, com todas as licenças necessárias, ano de 1730, coleção consultada no Arquivo Nacional Torre do Tombo sob a indicação geral de "Provas e suplemento à história anual e cronológica e política do mundo e principalmente da Europa", sexto volume.

O rasga: uma dança negro-portuguesa que chegou ao Brasil

O autor da peça era o ator, cenógrafo e aderecista Jaime Venâncio, muito ligado ao teatro de público popular das feiras de bairro, que confessava constituir sua chamada "ópera cômica" uma paródia ao original francês de 1871, *Processo do Cancã*, que punha em cena um julgamento das danças mais populares do tempo.

Assim, no *Processo do Rasga*, cada personagem representava também uma dança diferente e seu caráter nacional ou regional, Monsieur Can Can, El Señor Bolero, D. Minuete, D. Gavota, D. Polca e outros. E a novidade estava em que, entre esses outros, ia aparecer a figura de Caetano Rasga Roupa, o preto típico de Lisboa da época, desde logo reconhecível pela estranha combinação da velha casaca sobre uma camisa de colarinho alto, atado em nó simples — as pontas escondidas sob o colete —, e tudo rematado por um chapéu amassado a equilibrar-se no alto da carapinha.

O curioso é que, em clara manifestação de uma má consciência geral em torno da incômoda realidade histórica da importação de escravos da África para Portugal, o Rasga não era apresentado na peça como verdadeiro preto de Lisboa, que representava, mas — conforme se indicava na distribuição dos personagens — "D. Rasga Roupa preto de Cabinda".

De qualquer forma, o sucesso da música do rasga baseada ao ritmo dos canzás negro-portugueses foi tamanho, com a novidade e seu original estribilho do "Curú-purú,/ Curú, quá, quá,/ Dá meia vorta/ Toca o ganzá", que o autor, Jaime Venâncio, relançaria pelo correr da década de 1880 a figura do preto Rasga Roupa em duas novas peças: *O Casamento do Rasga, Continuação do Processo do Rasga, Paródia ao Processo do Can Can*, e — a acreditar em informação da *Grande Enciclopédia Luso e Brasileira* — em um *Testamento do Rasga Roupa*.

A partir daqueles finais do século XIX, a dança do rasga ia passar ao repertório de atores-cantores do gênero cômico do teatro musicado, no melhor estilo dos cançonetistas do *vaudeville* parisiense, passando a figurar como números de apresentação individual. Pois entre os primeiros artistas desse novo estilo chamado de "cômico" ou "excêntrico" estariam, além do ator-cantor Franco d'Almeida — responsável pela primeira gravação portuguesa do rasga em 1908 —, o brasileiro César Nunes, nascido em Belém do Pará em 1867. Filho de um comerciante português da cidade, César Nunes foi mandado estudar a Portugal, de onde só voltaria em 1884, aos 17 anos. Ante seu interesse pela vida artística da capital do Pará, no entanto, o pai ordenou sua volta a Lisboa, onde afinal sua atração pelo teatro continuaria, a ponto de em 1898 já aparecer no elenco da Companhia de Operetas Taborda a atuar na opereta *Os Sinos de Corneville*.

Integrado, assim, ao teatro musicado português, César Nunes vale-se de uma grande habilidade de imitador de vozes e de efeitos sonoros emitidos com a garganta para especializar-se em números cômicos e excêntricos. E entre estes estaria o da imitação da "língua de negro", como era chamada a fala típica dos afro-portugueses, e o da imitação do som rasgado dos canzás, que lhe permitiam exibir-se no palco cantando e dançando o rasga com o uso simultâneo de suas habilidades vocais e histriônicas. Quando, em 1908, volta ao Brasil, em seu repertório de texto e canções portuguesas não poderia faltar a interpretação do rasga, que naquele mesmo ano escolhe para gravar em disco na Casa Edison, do Rio de Janeiro.

Ao contrário do que fizera Franco d'Almeida em sua gravação para o mesmo selo Odeon em Portugal, César Nunes não se prende tanto à versão do rasga apresentado na peça de Jaime Venâncio, mas anima sua interpretação com recursos vocais e falas de improviso tão caras aos seguidores da moderna escola dos cançonetistas franceses. E, como sabia que os brasileiros não conheciam o rasga como gênero de música, César Nunes prefere intitular a gravação "Batuque de pretos", embora — tal como se pode ouvir no anúncio da música — denomine o número de "Batuque africano".

Assim, embora sob outros nomes, o rasga negro-português passava então, graças à distribuição dos discos por todo o país, a ser conhecido também no Brasil na interpretação de César Nunes, que, por sinal, naquele mesmo ano de 1908, fazia sucesso no Teatro Carlos Gomes com a interpretação, na revista *Dinheiro Haja*, dos personagens intitulados "Clarinetistas" e "Homem Gramofone".

E seria graças a esse momento de popularidade na carreira teatral que permitiria a César Nunes voltar a estúdio, talvez já no ano seguinte, ou em 1910, para gravar na fábrica Victor uma nova versão do rasga, agora sob o novo título "Imitação de um batuque africano".

E foi assim que a música do rasga, ao tornar-se conhecida graças à ampla difusão do disco, que já anunciava o fenômeno da moderna indústria cultural, acabaria por passar ao folclore tanto em Portugal quanto no Brasil. Em Portugal, ao repontar, ainda na virada do século XX para o XXI, no rasgado das guitarras de um verde-gaio tocado por dupla de músicos populares da região de Cadaval, na Estremadura, conforme gravação em boa hora realizada pelo pesquisador Dr. Alberto Sardinha, a quem devemos a gentileza da autorização para agora a podermos ouvir.[14]

Fenômeno de folclorização que, no Brasil, onde esse mesmo rasgado nascido do raspar dos canzás negro-portugueses, estava destinado a reaparecer numa cantiga de roda, anotada na primeira metade do século XX na região do Rio de Janeiro pela musicóloga Henriqueta Rosa Fernandes Braga, que a transcreveu em seu estudo *Peculiaridades rítmicas e melódicas do cancioneiro infantil brasileiro*.[15] É a cantiga de roda intitulada "Ó Preto, Ó Preta", que poderemos ouvir agora em gravação especial para este colóquio, com um coro de meninas sob a regência da profes-

---

[14] Esta e outras gravações do rasga podem ser ouvidas no CD encartado no livro do autor *O rasga: uma dança negro-portuguesa*, São Paulo, Editora 34, 2006.

[15] Rio de Janeiro, s.e., 1950, 94 p., ilustrado.

sora Elena Lauretti Armani e em solo da cantora-pesquisadora brasileira Anna Maria Kieffer.

E eis contado, pois, como a apropriação de um ritmo particular de negros africanos na criação de uma dança e canto destinados à diversão de brancos europeus no século XIX chegou a transformar-se, por caprichos do processo histórico — no caso, um autêntico processo do rasga —, em patrimônio comum da cultura popular luso-brasileira, ainda vivo no século XXI.

8.
MÁRIO DE ANDRADE,
OUVINTE DE DISCOS DE MÚSICA POPULAR[16]

A ideia de organizar, em livro, o catálogo dos 161 discos de música popular brasileira da coleção pessoal de Mário de Andrade, acompanhados da transcrição das anotações manuscritas encontradas nas capas de "cartolina lisa" que os revestiam, resulta — antes de tudo — na comprovação de mais um mérito a ser acrescido aos muitos já creditados àquele grande estudioso: o de pioneiro no uso de produtos da indústria do lazer internacional como documento para o estudo do processo cultural brasileiro.

Enquanto outros contemporâneos, como Cruz Cordeiro, em *Phono-Arte* — "a primeira revista brasileira de fonografia" —, e Djalma De Vicenzi, na revista *Wecco*, da Casa Carlos Wehrs, reproduziam no Brasil a novidade mundial de crítica de música popular com caráter jornalístico-promocional, Mário de Andrade acompanhava os lançamentos de discos com ouvido de estudioso de um fenômeno novo, o da criação de produtos sonoros dirigidos ao mercado do lazer urbano.

Conforme depoimento de José Bento Faria Ferraz, o Bentinho, antigo aluno e secretário de Mário de Andrade, o então crítico do jornal paulistano *Diário Nacional* costumava, desde a virada das décadas de 1920-1930, colocar discos na vitrola de corda todas as manhãs e, enquanto se barbeava, ia ruminando as

---

[16] Texto de apresentação do livro *A música popular brasileira na vitrola de Mário de Andrade*, resultado da recolha de notas críticas esparsas de Mário de Andrade enquanto ouvinte de discos, organizada pela professora Flávia Camargo Toni, do Instituto de Estudos Brasileiros da USP, edição SESC-Senac, de São Paulo, 2004.

impressões que logo registraria escrevendo, à mão, nas capas de cartolina. E, como a partir de início dos anos 1930 passou a receber de um amigo, funcionário da fábrica Victor, com regularidade, todas as gravações de música popular saídas sob aquele selo, continuou até pelo menos 1937 a acompanhar de perto a evolução do fenômeno da criação de música "popular" produzida pelos primeiros profissionais da indústria cultural na área do disco.

O curioso é que, embora deixando-se envolver pela sugestão das melodias, que tão bem sabia avaliar por seu conhecimento de música e por sua definida posição teórico-nacionalista, Mário de Andrade adotava em suas observações críticas o devido distanciamento científico, o que o levava a chamar o malandríssimo cantor Moreira da Silva de "sr. Antônio Moreira da Silva", e a trêfega cantorinha iniciante Carmen Miranda, mal entrada na casa dos 20 anos, de "sra. Carmen Miranda".

O ouvido crítico de Mário de Andrade, porém, era certeiro, e tudo o que apontou como criação de algum valor cultural, em disco, por aqueles primeiros anos da década de 1930, pode ser confirmado hoje com a isenção do tempo na perspectiva histórica. Seu entusiasmo pelo desconhecido Mota da Mota — que, aliás, não alcançaria sucesso com seus jongos "São Benedito é Ôro Só" e "Eu Vou Girá" — é plenamente justificado setenta anos depois, exatamente pela qualidade que o crítico lhe apontava: "Em ambos [os jongos] a adaptação individualista foi perfeita, não descaracterizou nada".

Da mesma forma, quando elogia o Conjunto Tupi por sua gravação de pontos de macumba, Mário de Andrade nada mais faz do que reproduzir o entusiasmo com que, na Argentina, o historiador do *jazz* e especialista em música negra nas Américas, Néstor Ortiz Oderigo, ouvia soar os tambores e atabaques daqueles tocadores de terreiros cariocas, levados ao estúdio de gravação por seu líder, o cantor-compositor-macumbeiro J. B. de Carvalho. Os dois estudiosos coincidiram, por sinal, acertadamente, no julgamento de autenticidade do ritmo que — e isso talvez nenhum dos dois soubesse — provocava "quedas no santo" em fiéis da religião negro-carioca quando ouviam o disco.

Para quem sabe ler o pouco que existe em matéria de contribuição real à compreensão do processo de criação de música popular verdadeiramente brasileira, o catálogo organizado no Instituto de Estudos Brasileiros (IEB) pela professora Flávia Camargo Toni, e agora publicado, na forma de livro, sob o título *A música popular brasileira na vitrola de Mário de Andrade*, é uma fonte de ensinamentos e de surpresas. Porque, quando se trata de estudos de cultura popular no Brasil, por mais que se saiba, sempre há o que aprender com o pioneiro Mário de Andrade.

9.
COUNTRY BRASILEIRO
É JECA TATU VESTIDO DE *COWBOY*[17]

A onda de interesse em torno da chamada "música serta-neja" — de repente transformada em *country*, através do mesmo artifício que consistiria em vestir o Jeca Tatu de Monteiro Lobato com roupa de *cowboy* do Texas — marca um instante curioso da expansão da economia capitalista sobre as áreas rurais do Brasil.

De fato, desde que a diretriz oficial de "exportar é a solução" da era dos governos militares estimulou a produção agrícola intensiva, primeiro do álcool combustível e depois da soja, ao Sul e aos cerrados do Planalto Central, e do concentrado de laranja em São Paulo, aconteceu um fenômeno novo: o surgimento de camadas de classe média de alto poder aquisitivo em pequenas e médias cidade do interior do país.

Situados em posição de contraste com as elites locais, historicamente preconceituosas e acomodadas, esses impacientes grupos de novos-ricos da área rural começaram a forçar o rompimento dos padrões convencionais através de uma acelerada busca de reprodução da vida nos grandes centros: construção de casas com piscina, de supermercados na praça principal, uso crescente de automóveis e motos, encontros ruidosos em boates e lanchonetes de nomes em inglês. E, naturalmente, liberação geral dos costumes, desde logo evidenciada nos atrevimentos do vestuário e da procura de emoções proibidas, como as proporcionadas pelas drogas.

---

[17] Texto publicado em *Cadernos Pedagógicos e Culturais*, vol. 2, nº 2-3, Centro Educacional de Niterói, RJ, maio-dezembro de 1993.

Essa explosiva adoção de padrões modernos urbanos em áreas de estrutura rural tradicional não poderia deixar de implicar choque culturais, pois a simplicidade e a rotina da vida local mostravam-se incompatíveis com a profusão e a sofisticação tecnológica das novidades da indústria avançada lançadas ao consumo. O que desde logo fazia o uso de certas superfluidades revelar-se esdrúxula, o que provocava um sentimento de contraste com a totalidade da sociedade e gerava uma sensação de desconforto pessoal em tais camadas.

No plano cultural, essa falsa posição — que tornava os novos-ricos do campo desidentificados com o próprio meio e deslocados quando de suas incursões aos grandes centros — refletia-se de saída numa espécie de crise de identidade, que levava tais grupos (como se tornou notório) a exibir ostensivamente o gosto pela moderna música de massa internacional cantada em inglês, e a ouvir secretamente os discos sertanejos nacionais, que lhes lembram as suas origens caipiras reais.

Essa instável tentativa de conciliação (inicialmente prejudicada pelo fato de a moda de viola de duplas tradicionais como Tonico e Tinoco e Tião Carreiro e Pardinho dirigirem-se ainda muito à realidade subdesenvolvida do caipira pobre, comum) começou a encontrar seu eixo próprio na década de 1970, quando artistas urbanos — vindos do iê-iê-iê como Sérgio Reis, Nalva Aguiar e Eduardo Araújo, ou duplas de estreantes ainda fascinados pelo *rock*, como Leo Canhoto e Robertinho — passaram a focalizar temas da vida moderna das cidades ao som de guitarras e contrabaixos elétricos.

Ora, como essa tendência coincidia com a ascensão do gênero oriundo dos Estados Unidos, na onda das canções *folk* disseminadas entre o público de nível universitário por Bob Dylan, aquilo que parecia fenômeno isolado transformou-se num movimento, com o aparecimento de novas duplas formadas por adolescentes (como Chitãozinho e Xororó), levando à adoção do nome de Jovem Música Sertaneja.

Foi, pois, através da repercussão da música *country*, ou seja, do som caipira norte-americano aproveitado comercialmente pelos fabricantes de modas sonoras ligados, nos Estados Unidos, à indústria "sertaneja" dos rodeios e modas rancheiras (calças, camisas, coletes, botas, cintos etc.), que viria a surgir, no Brasil, a partir da década de 1980, o caipira de botique: bota de bico fino, colete franjado e chapéu de *cowboy*.

Criado assim o estereótipo desse vaqueiro de luxo, a partir dos modelos americanos dos cantores Willie Nelson, Dolly Parton e Kenny Rogers (aliás, dono de confecção de moda *country* sob a grife Kenny Rogers Collection), foi fácil à emergente classe média rural das áreas de produção para a exportação enquadrar--se ao esquema da própria classe média dos grandes centros brasileiros, ou seja, contemplar-se no equivalente de sua classe no país mais desenvolvido. Inclusive importando botas americanas de pele de avestruz a mil dólares o par.

Este ponto ideal de alienação buscada (sentir-se caipira norte-americano vinha, enfim, resolver o doloroso trauma dos novos-ricos interioranos de não quererem reconhecer-se caipiras brasileiros) seria alcançado exatamente no início da década de 1990, não sem uma grande festa destinada a comemorar a conquista da catarse. O mais caro *réveillon* de 1991 seria realizado em São Paulo no fechado reduto de sua burguesia, a boate Gallery (25 mil cruzeiros a reserva de mesa), o que levaria o colunista e apresentador de TV Amaury Jr. a declarar ao jornal *Folha de S. Paulo*, referindo-se à música que inundava o ambiente entre *raps*, *houses*, *rocks* e *reggaes*: "Agora que não é mais vergonhoso, que não se considera mais falta de modernidade gostar desse tipo de música, todo mundo está entrando na onda".

Era o caipira brasileiro fazendo, afinal, sua entrada triunfal no Primeiro Mundo, com botinha texana e chapéu de JR da série *Dallas*, da televisão. E isso enquanto o caipira verdadeiro, transformado nacionalmente em boia-fria, continuava de pé no chão.

Country brasileiro é Jeca Tatu vestido de *cowboy*   73

10.
OS PRIMEIROS GÊNEROS DE MÚSICA POPULAR GRAVADOS EM DISCO[18]

O aparecimento das gravações em disco no início do século XX, no Brasil, pegou todos de surpresa. Na verdade, embora já se conhecessem desde fins do século XIX os gramofones de Edison, o sistema era ainda o de gravação em cilindros de cera (frágeis e difíceis de fabricar em série), o que transformava a invenção para as maiorias numa simples curiosidade, e para as minorias num capricho caro, considerada a desproporção entre o preço da novidade e seus resultados.

Assim como não havia, a bem dizer, um mercado para essa nova possibilidade tecnológica no campo da difusão dos sons, não havia por que se organizarem quadros próprios de artistas, músicos, cantores ou compositores para a produção dirigida a um público determinado. De fato, atraindo para salas improvisadas em estúdios mestres de bandas militares, artistas e intérpretes amadores, ou recrutados no teatro musicado e nos circos (vários dos primeiros cantores eram palhaços), procurava-se atender apenas à divertida curiosidade das pessoas, gravando desde músicas de repertório popular do tempo a cenas cômicas, discursos, anedotas e, até, simples gargalhadas.

Essa realidade começaria a mudar (e assim mesmo de forma muito lenta) apenas na primeira década do século XX, a partir do aparecimento das gravações em disco no Brasil, quando o pioneiro Frederico Figner — um tcheco chegado via Estados Uni-

---

[18] Texto publicado sob o título "Sobre as primeiras gravações brasileiras" no encarte do CD *Como tem passado!!*, da cantora Maricenne Costa, com Izaías e convidados, lançado pela Gravadora CPC-UMES em 1999.

dos em 1891, e desde 1900 estabelecido à rua do Ouvidor, no Rio de Janeiro, com a Casa Edison — lançou a novidade das chapas de 76 rotações, gravadas dos dois lados.

Os próprios cantores, mestres de bandas, pianistas ou chefes de grupos musicais (quase todos de choro) escolhiam os gêneros e composições a serem gravados, e eram também eles que se encarregavam de indicar as informações destinadas a constar impressas nos selos dos discos. E, assim, como não havia ainda qualquer regulamentação sobre direitos fonográficos ou de autor (só se conhecia direito autoral de partituras impressas), artistas, músicos e intérpretes limitavam-se a assinar um recibo de serviços de gravação para a Casa Edison ou, a partir de 1911, para as demais gravadoras nacionais e estrangeiras que começavam a estabelecer-se no Brasil, como a dos irmãos Faulhaber, Columbia e Victor, no Rio, e a casa A Elétrica, em Porto Alegre.

Não é de estranhar, portanto, a total ausência de preocupação com a fidelidade das informações em torno dos títulos e o verdadeiro tipo das composições gravadas, que, assim, tanto podiam mudar de nome de uma prensagem para outra, quanto de indicação de gênero.

O primeiro exemplo dessa dificuldade recai exatamente sobre o estilo da canção brasileira mais popular desde o século XIX em todo o país, ao lado do lundu, que era a modinha. É que, conforme se pode comprovar pela relação das gravações realizadas a partir de 1902 pela Casa Edison no pioneiro selo Zon-O-Phone da série 10.000, o que deveria constituir a primeira modinha gravada — "O Gondoleiro do Amor", composta por Salvador Fábregas sobre versos de Castro Alves — aparece no selo do disco 10.013, gravado pelo cantor Bahiano, sob a indicação de gênero "barcarola". Assim, a primeira modinha gravada em disco de 76 rotações pelo processo mecânico ficaria para a composição "Perdão, Emília", interpretada pelo mesmo cantor Bahiano para o disco Zon-O-Phone 10.015, lançado por aqueles fins de 1902. No caso, a dubiedade na interpretação do gênero da música "O Gondoleiro do Amor", ao credenciar a composição "Perdão,

Emília" para ocupar o lugar de primeira modinha gravada em disco até que foi oportuna, pois não há dúvida de que — a despeito da larga popularidade da música sobre versos de Castro Alves, desde fins do século XIX — a composição descabeladamente romântica do amante que pede perdão à amada morta não deixa de ser muito mais representativa das modinhas de serenata, já muito marcada pela influência das valsas, via música dos grupos de choro populares.

Caso interessante seria também, desde logo, o do primeiro tango brasileiro gravado, ou seja, do gênero resultante da fusão da polca com o lundu (sem nada a ver, portanto, com o tango argentino, que lhe é inclusive posterior). É que, embora pela cronologia da série pioneira da Zon-O-Phone o nome tango apareça pela primeira vez no disco 10.021, no título "Tango das Mangas", a composição anteriormente gravada pelo cantor Bahiano no disco 10.012 sob o nome "Laranjas da Sabina", embora sem indicação de gênero, constituía, nada mais, nada menos, que um famoso tango composto sobre versos de Artur Azevedo para sua revista *A República*, de 1890, em parceria com o irmão Aluizio Azevedo.

Curioso também seria o caso da marcha (entendida como marcha cantada de tema popular, pois houve várias outras gravações de marchas militares, apenas instrumentais) "Ó Abre Alas", composta por Chiquinha Gonzaga em 1899 — muito cantada em todos os Carnavais desde o início do século, mas que ninguém se lembrara de gravar.

A imprecisão no registro dos gêneros ia prejudicar também a prioridade de Chiquinha Gonzaga na gravação do maxixe cantado, pois embora seu "Forrobodó" tenha sido gravado no início da Primeira Guerra Mundial no disco Odeon 120.965 — antes, portanto, de "São Paulo Futuro", de Marcelo Tupinambá, de número 120.986 da mesma Casa Edison —, o que aparecia no selo do disco era a indicação, entre parênteses, "Tango do Guarda Noturno" (na verdade o "tango" cantado pelo personagem guarda-noturno da revista *O Forrobodó*, de Luís Peixoto, de 1912). Ao ouvirmos hoje esse "Forrobodó" não temos dúvida em classificá-lo de maxixe, mas o fato é que, ante o registro expresso do gênero no selo do disco da música de Marcelo Tupinambá, este passa a ser o primeiro maxixe com letra, após longa série de gravações de maxixes instrumentais.

Assim, se ninguém contesta a primazia para os casos da embolada "A Espingarda", aproveitada do folclore nordestino por José Luís Calazans, o Jararaca; da marcha carnavalesca "Ai Amor", de Freire Júnior; da toada paulista inauguradora da "música sertaneja", precursora dos caipiras de Cornélio Pires, "Tristezas do Jeca", de Angelino de Oliveira; e finalmente, do samba-canção "Ai, Ioiô", de Henrique Vogeler e Luís Peixoto; a maior confusão em termos de estreia ficaria, afinal, para o primeiro samba. É que, realmente, antes da gravação de "Pelo Telefone", de Ernesto Santos, o Donga, e seu parceiro jornalista Mauro de Almeida, o Peru dos Pés Frios (como era chamado), foram identificados pelo menos seis discos em que o nome "samba" aparece não apenas indicando o gênero ou como parte do título, mas ainda referido pela voz que anunciava as músicas nos discos da Casa Edison. Depois de muita polêmica (que rendeu até a apresentação de "Memória" sobre o tema por um brasileiro na Sorbonne, em Paris), o bom-senso acabou fixando prioridade para a composição "Pelo Telefone", gravada pelo cantor Bahiano no início de 1917, sob o selo Odeon número 121.322 da Casa Edison. E isto porque, além de nas composições anteriores a palavra "samba" aparecer sempre ligada ao gênero que desde o século XIX distinguia qualquer tipo de batuque, principalmente na área rural, no disco de "Pelo Telefone" havia a intenção expressa dos autores de apresentar algo novo. E isso ficaria comprovado através de sua providência no sentido de inscrever música e letra no registro de direitos autorais da Biblioteca Nacional em novembro de 1916: "3.295/ registro requerido pelo autor Ernesto dos Santos, o Donga, brasileiro, músico, residente nesta capital: 'Pelo Telefone', samba carnavalesco. Executada em mil novecentos e dezesseis, nesta cidade".

Com esse início de profissionalização no campo da produção da música popular — claramente evidenciada nesse registro do primeiro samba com direito de autor protegido — acabavam todas as dúvidas: nunca mais os últimos voltariam a ser os primeiros.

11.
MULHER E TRABALHO
SEGUNDO A VISÃO DA CANÇÃO POPULAR[19]

Um exame das letras da música popular dos últimos duzentos anos, ou seja, de Domingos Caldas Barbosa, o tocador de viola, compositor e cantor de modinhas e lundus do século XVIII, até Chico Buarque de Holanda, revela que a mulher brasileira é sempre vista nos versos das canções de um ponto de vista masculino.

O fato não deixa de ser explicável porque, sendo o Brasil herdeiro da cultura portuguesa, resultante de uma economia à base do latifúndio, e de um sistema social de caráter patriarcal, a mulher ficou sempre afastada da vida ativa. E, assim, seu papel passou a ser o da "senhora": a dona de casa que, quando moça era a "iaiá", e depois de mãe de filhos se transformava em "sinhá".

Ora, como até inícios do século XX não se concebia uma senhora ou senhorita trabalhando fora (ao menos na área das famílias da classe média para cima), não havia como os poetas referirem-se às mulheres a não ser na qualidade de musas inspiradoras de amores e romances. Para todos os autores românticos do século XIX a mulher era a "bela" ("Rosto d'anjo, formoza donzella"), era sempre a "virgem pura" ("O olhar de virgem, é tão puro e lindo/ Qual raio infindo de celeste luz"), era a "flor"

---

[19] Texto-roteiro do espetáculo *Mulher... Vai Cavar a Nota*, da cantora Maricenne Costa com Izaías e seus Chorões, aproveitando a pesquisa do autor publicada sob o título *Música popular: mulher e trabalho* em folheto pelo Senac-SP como nº 11 da série Documentos de Trabalho, em 1982.

("Quando te vejo,/ Mimosa flor,/ Louco por ti/ Morro de amor"), era uma "estrela" ("Vem minha estrela, que te espero ansioso") e, muitas vezes, era a "ingrata" ("Tendo um rival a seu lado,/ Ingrata, roubou-me a vida").

Com o despontar do século XX, porém, a diversificação do trabalho provocada pelo ingresso do país na era industrial — quando, ao lado dos homens, começam a aparecer as professoras, as enfermeiras, as secretárias, as balconistas, as atendentes, as telefonistas e (sinal dos tempos!) as operárias de fábricas —, a figura da mulher vai, afinal, ter seu lado de profissional refletido nas letras da moderna música popular. Ainda assim, no entanto, essa visão da mulher em sua relação com o trabalho apareceria nas letras das músicas de uma forma sempre indireta. E isso também se explica: como até os compositores eram sempre homens (a onda de mulheres compositoras começou apenas na década de 1950, com a explosão das canções de fossa de Maysa Matarazzo e de Dolores Duran), toda vez que uma atividade feminina é mencionada nos versos de uma canção popular, é sob a ótica masculina que ela aparece desenhada.

E eis como, pela altura da década de 1930, ao surgirem no Rio de Janeiro os primeiros compositores dispostos a ver suas musas ou companheiras não mais como anjos, mas como mulheres reais, integradas à realidade social e econômica, essa visão masculina vai refletir, inapelavelmente, ora velhas deformações idealistas românticas, ora novos preconceitos machistas.

Fundamentalmente — e como a indicar o fato de que muito pouca coisa mudou na sociedade brasileira, desde o século XIX —, a mulher mostrada pela música popular continuava a ser vista como a doméstica: a moça educada para as chamadas "prendas do lar", prendas estas que incluíam apenas aquelas atividades caseiras capazes de habilitá-la a agradar o pretendente e, no futuro, fazer funcionar a casa com eficiência.

Era isso, exatamente, o que no ano de 1935 o compositor Paulo Barbosa dava a entender na letra de um samba-choro gravado em dupla por Carmen Miranda e pelo humorista de rádio Barbosa Júnior, e que, sob o título "Casaquinho de Tricô", trazia muito sugestivamente indicado no selo do disco: "choro--receita".

Ela: Eu vou fazer um casaquinho de tricô
pro meu amô
Ele: De que cô qu'é? [de que cor que é?]
Ela: Ó ioiô, de qualqué cô...

(*Bis*)

Ela: Pra começar
setenta pontos no pescoço.
E se for grosso aumenta logo 22,
sessenta e oito para o meio das laçadas,
um ponto de arroz
e as carreiras terminadas.

(*Ele e ela repetem o diálogo inicial*)

Ela: E nesta altura mata dois de cada lado,
muda de agulha para os ombros começar,
vai derrubando, faz o meia e o tricô,
e só falta rematar
com uma lã de qualquer cor...

É bem verdade que, dois anos antes, em 1933, em seu até hoje lembrado samba "Três Apitos", Noel Rosa dera a entender que, agora, as amadas dos poetas e compositores nem sempre ficavam em casa fazendo tricô, mas saíam para trabalhar nas fábricas, como acontecia no bairro carioca da Tijuca com as irmãs Joselina, a Fina, e Noêmia, a Bazinha. Aliás, como conta Almirante em seu livro *No tempo de Noel Rosa*, trabalhar como operária ainda constituía uma vergonha para as mocinhas, o que as levava a esconder dos namorados sua verdadeira atividade, obri-

Mulher e trabalho segundo a visão da canção popular   83

gando-as muitas vezes a fingir que não viam seus pretendentes quando surpreendidas a caminho dos empregos. E é por isso que em seu famoso "Três Apitos", como lembra ainda Almirante, o próprio Noel Rosa comete o engano de dizer que sua amada Fina trabalha no tear da fábrica de tecidos América Fabril, da rua Barão de Mesquita, fazendo pano, enquanto ele fazia samba. Na realidade, quem era empregada dessa empresa era Bazinha: Fina, na verdade, trabalhava na mesma rua Barão de Mesquita, mas numa fábrica de botões. Noel Rosa tinha sido despistado pela moça, envergonhada de ser operária.

> Quando o apito
> da fábrica de tecidos
> vem ferir os meus ouvidos
> eu me lembro de você.
> Mas você anda
> sem dúvida bem zangada
> ou está interessada
> em fingir que não me vê.

> Você que atende ao apito
> de uma chaminé de barro
> por que não atende ao grito, tão aflito,
> da buzina do meu carro?

> Você no inverno
> sem meias vai pro trabalho
> não faz fé com agasalho
> nem no frio você crê.
> Você é mesmo
> artigo que não se imita
> quando a fábrica apita
> faz reclame de você.

Nos meus olhos você lê
que eu sofro cruelmente
com ciúmes do gerente, impertinente,
que dá ordens a você.

Sou do sereno
poeta muito soturno
vou virar guarda-noturno
e você sabe por quê.
Mas só não sabe
que enquanto você faz pano
faço junto do piano
estes versos pra você.

Enquanto isso acontecia na área da classe média — e é preciso não esquecer que Noel Rosa, filho de uma professora particular e de pequeno comerciante falido, chegou ao 2° ano de Medicina —, nas camadas mais baixas, a mulher, além de doméstica (cozinhando, costurando e lavando, às vezes "para fora"), ainda era chamada a desempenhar um papel ingrato: o de elemento economicamente ativo do casal, a fim de poder garantir, com seu trabalho, a desocupação permanente ou eventual do companheiro. Essa realidade, embora muitas vezes de forma indireta, aparece em dezenas de sambas do início da década de 1930, quando a indústria do disco permite o aparecimento de numerosos compositores do bairro do Estácio e dos morros cariocas, onde se concentrava, ao lado de trabalhadores honestos, a fina flor da malandragem do Rio de Janeiro. Os compositores malandros (na verdade talentosos representantes da massa de mão de obra não qualificada, que o mercado de trabalho da cidade não conseguia absorver), saíam dessa camada para quem a mulher era a "nêga", a "mina", ou seja, aquela companheira a quem cabia "cavar a nota", a fim de permitir que o seu "mulato", o seu "bamba", andasse sempre alinhado no seu terno branco, e com grana bastante para gastar. Um quadro exato disso é oferecido no samba "Vai Cavar a Nota", composto em 1933 pelo baterista Walfrido Silva e o pianista Gadé — que então iniciavam uma dupla riquíssima na produção de sambas sincopados —, e onde ficava claro que, no amor, nem tudo é gratuito e puro como dizem os poetas, mas pode entrar o interesse:

Nêga, por favor,
Vai pro batedor [trabalho]
vai cavar a nota que eu preciso.
Tu não tens juízo,
e às vezes esquece
que no nosso amor há interesse.

Pobre eu não banco,
gosto de luxar,
tendo sido sempre homem franco.

Tu bem sabias,
não faz falseta,
vai cavar a nota, ó Marieta.

Gadé e Walfrido Silva, que assim retratavam com tanta exatidão a realidade social que reduzia muitas vezes as mulheres das camadas mais baixas à condição de esposas e companheiras economicamente exploradas, não eram eles mesmos representantes da malandragem: Osvaldo Chaves Ribeiro, o Gadé, tocava piano em orquestras de teatro e terminou funcionário público, e Walfrido Pereira da Silva tinha noções de contabilidade e comércio, e também fez carreira em orquestras de teatro, pois era capaz de tocar bateria por música. No entanto, como para atestar a exatidão do flagrante social que colhiam em seu samba "Vai Cavar a Nota", o compositor Ismael Silva — este sim, um autêntico representante da malandragem do bairro do Estácio, pois vivia de jogo e outros pequenos expedientes — ia afirmar na segunda parte do samba "Carinhos Eu Tenho", por coincidência naquele mesmo ano de 1933: "Carinhos sem a nota/ Não adianta, mulher/ Isso de amor é lorota/ É bom para quem quiser/ Eu não aceito/ Sou espertinho/ Eu acho direito/ Amor, nota e carinho".

Hoje uma colocação desse tipo no relacionamento homem--mulher pode parecer acintosa, agressiva e até humilhante para pessoas conscientes da necessidade de mudança da condição feminina na sociedade. No início da década de 1930, entretanto, e principalmente entre as camadas mais pobres da população, isso representava uma realidade a que não era possível fugir. E isto porque, mesmo na esfera da classe média, embora colocado o problema com mais delicadeza, a necessidade da contribuição da mulher como força econômica também começava a se impor. E nem era outra coisa o que Noel Rosa parecia estar dizendo em 1936 no seu samba "Você Vai se Quiser", embora reacionariamente contrariado com a decisão de sua mulher, Lindaura, de conseguir emprego: numa reação tipicamente machista, Noel Rosa, embora doente e sem recursos, via no fato da mulher exercer uma profissão, sua incapacidade de manter a casa.

> Você vai se quiser...
> Você vai se quiser...
> Pois a mulher
> Não se deve obrigar
> A trabalhar;
> Mas não vá dizer depois
> Que você não tem vestido
> E o jantar não dá pra dois.
>
> Todo cargo masculino
> Seja grande ou pequenino
> Hoje em dia é pra mulher...
> E, por causa do palhaço,
> Ela esquece que tem braços;
> Nem cozinhar ela quer.

Os direitos são iguais...
Mas até nos tribunais,
A mulher faz o que quer...
Cada qual que cave o seu
Pois o homem já nasceu
Dando a costela à mulher.

É claro que, dentro dessa concepção machista, havia algumas vezes tendência a certas concessões. Trabalhar, para os homens da década de 1930 — refletindo nesse ponto uma ideia que vinha da era patriarcal do Brasil Colônia e atravessara o Brasil Império — expunha a mulher a perigo e tentações morais, pela possibilidade de contato com outros homens, fora de casa. Todos concordavam, no entanto, que havia pelo menos uma atividade que, quando desempenhada pela mulher, era capaz de coadunar-se com sua candura e esperada pureza: essa atividade era o magistério primário, onde as moças podiam ganhar algum dinheiro lidando com crianças em idade sem pecado, e circunscritas a uma área determinada — o prédio da escola. Pois até essa pequena minúcia psicológica da visão patriarcal e machista do burguês brasileiro foi magnificamente captada, embora ainda uma vez de maneira indireta, em um samba de fins da década de 1930: o antológico "Professora", com música do flautista Benedito Lacerda e letra reveladora do poeta-compositor Jorge Faraj. A letra (respeitosíssima, aliás) é realmente muito exemplificativa, porque mostra o personagem boêmio confessando-se não merecedor da atenção desse tipo especial de profissional, a professora, que ele chama de "operária divina" para definir o respeito com que era vista a sua atividade pelos homens:

Eu a vejo todo dia
quando o sol mal principia
a cidade a iluminar
eu venho da boemia
e ela vai, quanta ironia!,

para a escola trabalhar.
Louco de amor, no seu rastro,
vaga-lume atrás de um astro,
atrás dela eu tomo o trem,
e no Trem das Professoras,
em que outras vão, sedutoras,
eu não vejo mais ninguém.

Esta operária divina,
que lá no subúrbio ensina
as criancinhas a ler,
naturalmente condena
na sua vida serena
o meu modo de viver;
condena porque não sabe
que toda a culpa lhe cabe
de eu viver ao deus-dará,
menino querendo ser
para com ela aprender
novamente o bê-á-bá.

Com o advento da década de 1940 essa tendência à progressiva entrada da mulher no mercado de trabalho sofre uma aceleração: iniciada a Segunda Guerra Mundial em 1939, o comércio entre a Europa e o Brasil é interrompido e, em consequência, ocorre um surto de desenvolvimento industrial acompanhado do crescimento vertical das principais cidades, o que cria numerosas oportunidades de empregos em novas atividades, inclusive para as mulheres. A partir de então, o fato de uma mulher participar da competição na área do trabalho torna-se tão comum, que a maneira respeitosa de tratar do assunto nas letras de música popular desaparece, e, principalmente na época do Carnaval, começam a surgir inclusive as sátiras, como aconteceu em 1942, quando os blocos de rua passavam cantando, com a maior sem-cerimônia, as desditas do dia a dia da "Mulher do Leiteiro", segundo a versão de Haroldo Lobo e seu parceiro Milton de Oliveira:

> Todo mundo diz que sofre
> sofre, sofre neste mundo,
> mas a mulher do leiteiro sofre mais.
> Ela passa, lava e cose,
> e controla a freguesia,
> e ainda lava garrafa vazia.
>
> O leiteiro, coitado,
> não conhece feriado,
> enfrenta satisfeito
> toda a noite o sereno.
> E a mulher dele,
> que trabalha até demais,
> diz que tudo o que ela faz
> ainda é café-pequeno.

A verdade é que já agora não era mais o malandro do Estácio que sonhava com uma companheira desse tipo, capaz de ajudar o seu homem na luta pela vida, mas as componentes das faixas mais baixas da própria classe média. E uma prova disso seria oferecida nesse mesmo Carnaval de 1942 pelo mesmo compositor Haroldo Lobo, agora em parceria com Wilson Batista, no samba "Emília", muito bem gravado pelo cantor paulista Mário Ramos, o Vassourinha, que ia morrer em agosto daquele mesmo ano com apenas 19 anos:

> Quero uma mulher
> que saiba lavar e cozinhar
> e de manhã cedo
> me acorde na hora de ir trabalhar.
> Só existe uma,
> e sem ela não vivo em paz:

Emília, Emília, Emília,
não posso mais.
Ninguém sabe igual a ela
preparar o meu café;
não desfazendo das outras,
Emília é mulher!
Papai do Céu é quem sabe
a falta que ela me faz:
Emília, Emília, Emília
não posso mais.

Aliás, a prova de que os tempos tinham mudado, e que os homens sabiam afinal avaliar, até com suspiros saudosos, a importância de uma boa companheira disposta a enfrentar corajosamente a seu lado as dificuldades da vida, era significativamente fornecida no mesmo Carnaval de 1942 por uma música que, lançada em meados de 1941 como samba-canção, destinado ao meio de ano, havia-se transformado em sucesso carnavalesco sem nenhuma intenção por parte dos próprios autores, o mineiro Ataulfo Alves e o carioca Mário Lago (o autor dos versos originais, que o parceiro alterou um pouco, na hora de fazer a música). Tratava-se do até hoje famoso "Amélia":

Nunca vi fazer tanta exigência
nem fazer o que você me faz.
Você não sabe o que é consciência,
não vê que eu sou um pobre rapaz.
Você só pensa em luxo e riqueza
tudo o que você vê, você quer.
Ai, meu Deus! Que saudade da Amélia...
Aquilo sim é que era mulher!...

Às vezes passava fome a meu lado
e achava bonito não ter o que comer...
e quando me via contrariado

Mulher e trabalho segundo a visão da canção popular

dizia: "Meu filho, o que se há de fazer?"
Amélia não tinha a menor vaidade.
Amélia é que era mulher de verdade.

A esta altura da Segunda Guerra Mundial, já havia uma consciência mais ou menos geral de que, realmente, só o trabalho dava uma certa independência à mulher. E em 1950, Luiz Gonzaga, unido a seu parceiro Humberto Teixeira, no caso autor da letra, daria à cantora Marlene a oportunidade de cantar/contar a história da mulher que, não tendo querido compreender essa verdade nova, vira passar a época do casamento porque se deixara ficar em casa tricotando, tricotando. E o samba-choro chamava-se, exatamente, "Dona Vera Tricotando":

Dona Vera quando moça foi bonita,
foi dengosa, foi catita,
mas não soube aproveitar.
Levava a vida em casa,
tricotando, tricotando, tricotando,
sem sair pra namorar.
Mas passou a primavera
e ficou a Dona Vera
solteirona, toda a vida sem casar
E agora sem dinheiro, tá difícil,
Dona Vera, com esta cara,
só se a sorte lhe ajudar.
Dá pena, ora se dá,
dá pena, ora se dá,
dá pena, mas dá raiva também,
muié veia e sem dinheiro
querendo se casar.

Menos de dez anos depois do estabelecimento dessa consciência crítica, já agora capaz de bem avaliar a importância do trabalho para a mulher, dois compositores tipicamente classe média até por condição profissional, pois eram ambos oficiais do Exército, Klecius Caldas e Armando Cavalcanti, focalizavam na marcha intitulada "Maria Candelária", grande sucesso do Carnaval de 1952, um fato novo no campo das relações mulher-trabalho: o caso da admissão da mulher no funcionalismo público obedecendo a interesses políticos ou, o que era mais acintoso, como pagamento pela concessão de favores amorosos. Como, na época, os vencimentos dos funcionários públicos federais obedeciam a uma hierarquia representada por letras, só essas poucas funcionárias privilegiadas alcançavam a letra O, que garantia a mais alta paga. E exatamente essas apaniguadas, por se saberem protegidas, eram as que menos trabalhavam, passando, após o sucesso da marcha de Carnaval, a serem conhecidas como "candelárias":

Maria Candelária
é alta funcionária,
saltou de paraquedas
caiu na letra O.
Ó! Ó! Ó!
Começa ao meio-dia,
coitada da Maria,
trabalha, trabalha,
trabalha de fazer dó.
Ó! Ó! Ó!

A uma
vai ao dentista,
às duas
vai ao café,
às três
vai à modista,
às quatro
assina o ponto e dá no pé...
Que grande vigarista que ela é!

Não deixa de ser curioso, no entanto, o fato de, no mesmo ano em que essa marcha "Maria Candelária" foi tão cantada no Carnaval, uma outra música ter aparecido para mostrar, em sua letra, que nem todas as mulheres levadas à competição no mercado de trabalho eram "candelárias". De fato, em um samba de 1952, só muito recentemente regravado pelo cantor-compositor Monarco, da Portela, o grande sambista popular carioca Geraldo Pereira deixava claro, ao saudar a ideia do governo Getúlio Vargas de criar o Ministério da Economia, que muitas mulheres do povo se empregavam como domésticas em casas de família da classe média e da elite porque as dificuldades de vida e os baixos salários dos maridos não lhes permitia serem apenas donas de casa. O samba, gravado pelo próprio Geraldo Pereira, tinha por título "Ministério da Economia", e deixava clara a intenção do esperançoso cidadão personagem da história de tirar sua companheira do emprego na "casa da madame em Copacabana", tão logo a vida melhorasse conforme prometia o presidente, que anunciava ainda a queda geral dos preços dos gêneros de primeira necessidade após a criação do novo ministério (por sinal nunca efetivada):

> Seu Presidente,
> Sua Excelência mostrou que é de fato,
> agora tudo vai ficar barato
> agora o pobre já pode comer
> até encher. (*breque*)

> Seu Presidente,
> pois era isso que o povo queria,
> o Ministério da Economia
> parece que vai resolver.

> Seu Presidente,
> graças a Deus não vou comer mais gato,
> carne de vaca no açougue é mato,

com meu amor eu já posso viver.
Eu vou buscar
a minha nega pra morar comigo,
porque já vi que não há mais perigo,
ela de fome não vai mais morrer.

A vida estava tão difícil
que eu mandei a minha nega bacana
meter os peitos na cozinha
da madame lá em Copacabana.
Agora vou buscar a nega,
porque gosto dela pra cachorro,
e os gatos é que vão dar gargalhada
de alegria lá no morro...

Aliás, o que as letras de canções populares deixam concluir, quando o tema envolvendo relações da mulher com o trabalho é examinado sociologicamente, é que a partir da década de 1950 houve uma mudança apenas aparente nesse campo: quer dizer, a criação de novas formas de atividades urbanas remuneradas possibilitou, de fato, o acesso de um maior número de mulheres aos empregos, mas apenas nos setores dos serviços burocráticos e das atividades técnicas. As mulheres do povo, analfabetas ou semialfabetizadas, não tendo acesso aos canais de formação profissional mais sofisticados, continuaram na mesma posição de servidoras do "seu homem", isto é, empregadas domésticas do marido ou companheiro. E era isso, certamente, o que fazia o compositor Wilson Batista, autor do samba "Emília", unir-se ao compositor Antonio Almeida, em 1966, para voltar ao tema já explorado catorze anos antes em 1942, em um samba cujos versos mostravam que, para as mulheres das camadas mais baixas da população brasileira, a realidade da exploração através da família não tinha mudado. Muito sintomaticamente o samba chamava-se "Volta Pra Casa, Emília".

Mulher e trabalho segundo a visão da canção popular   95

Ai, ai, quando eu visto um terno amarrotado,
meu Deus,
tenho que me lembrar
da Emília que era tão cuidadosa.
Mulher como Emília, Emília,
é difícil encontrar.
Que café saboroso que ela fazia
na hora de se deitar.

De manhã muito cedinho,
Emília me acordava:
"Acorda, acorda benzinho",
eu logo me levantava.
Hoje não tenho família,
não tenho lar nem amor.
Volta pra casa, Emília,
se não eu morro de dor.

Não é preciso dizer que, por trás da sugestão de dor pela perda do amor da mulher e da nostalgia pelos bons tempos de tranquilidade do lar, o que o personagem lamentava, principalmente, era a perda da companheira responsável por uma série de serviços domésticos que representavam muito, economicamente falando: o trabalho da mulher cuidadosa (isto é, boa administradora da casa), que ainda está apta a prestar pequenos serviços profissionais como lavar e passar (o que ele lembra quando veste um terno amarrotado).

Já na década de 1970, portanto, em plena era dos movimentos de emancipação da mulher, a continuação dessa servidão feminina básica da organização familiar entre as camadas mais amplas seria ainda uma vez muito bem desenhada em um samba do jovem compositor carioca João Nogueira. O samba, por sinal quase um hino de ternura filial, intitulava-se "Mulher Valente é Minha Mãe":

Mulher valente é minha mãe.
Olha, aquela velhinha é de amargar.
Levanta às cinco horas da manhã
e só volta pra cama quando o dia termina.
Nos seus sessenta e dois de existência,
tem quarenta de sofrência,
mas não é de se encostar.
Ela lava, passa e cozinha,
e ainda vê três novelas na televisão.
Minha roupa anda muito certinha,
com essa velhinha eu não fico na mão.
Ela me acorda xingando:
"Malandro! Levanta que é hora de ir trabalhar!"
Mas se eu não durmo em casa,
ela fica acordada e começa a chorar...

Assim, não é surpresa que, ao findar a década de 1970, e, portanto, como a demonstrar que no Brasil dos anos 1980 nada mudou estruturalmente, outro compositor — este de nível universitário e filho de família burguesa, Chico Buarque de Holanda — tenha conseguido sucesso com um samba intitulado "Feijoada Completa". Composto especialmente para o filme *Se Segura, Malandro!*, de Hugo Carvana, a letra de Chico Buarque resumia admiravelmente, nas entrelinhas, a posição de força que o homem continuava a assumir familiarmente, em muitos estratos da hierarquia social, e que reserva para a mulher afinal a condição de uma empregada que ainda deve sentir-se satisfeita com a dominação (como fica implícito no início do próprio samba, "Mulher/ Você vai gostar"):

Mulher,
você vai gostar.
Tô levando uns amigos pra conversar.
Eles vão com uma fome que nem me contem,
eles vão com uma sede de anteontem.

Mulher e trabalho segundo a visão da canção popular

Salta cerveja estupidamente gelada prum batalhão
e vamos botar água no feijão.

Mulher,
não vá se afobar.
Não tem que pôr a mesa, nem dá lugar.
Ponha os pratos no chão, e o chão tá posto,
e prepare as linguiças pro tira-gosto.
Uca, açúcar, cumbuca de gelo, limão,
e vamos botar água no feijão.

Mulher,
você vai fritar
um montão de torresmo pra acompanhar.
Arroz branco, farofa e malagueta,
A laranja-baía ou da seleta.
Joga o paio, carne-seca, toucinho no caldeirão,
e vamos botar água no feijão.

Mulher,
depois de salgar,
faça um bom refogado, que é pra engrossar.
Aproveite a gordura da frigideira
pra melhor temperar a couve mineira.
Diz que tá dura, pendura a fatura no nosso irmão...
e vamos botar água no feijão.

12.
OS QUE COMEÇARAM A HISTÓRIA[20]

A música popular, essa criadora de ídolos da moderna era da cultura de massa, começou a nascer no Brasil há duzentos anos, pela mão de artistas cujo nome, na maioria das vezes, a História esqueceu. Desde os fins do século XVII, o poeta satírico Gregório de Matos Guerra, apelidado Boca do Inferno, conquistava (já velho) muitas mulatinhas do Recôncavo Baiano, cantando versos frascários ao som de uma viola de arame por ele mesmo fabricada.

Pouco mais de cinquenta anos depois, em meados do século XVIII, outro tocador de viola, o poeta carioca Domingos Caldas Barbosa, filho de um português com uma escrava negra de Angola, deixava o Rio de Janeiro e ia lançar na corte de Lisboa umas cantigas repassadas de tal ternura, que os mais conservadores chegavam a temer pela integridade moral das mulheres às quais se dirigiam:

> Ora adeus, Senhora Ulina;
> diga-me, como passou;
> conte-me, teve saudades?
> Não, não;
> nem de mim mais se lembrou.
>
> Cantou algumas modinhas?
> E que modinhas cantou?

---

[20] Texto do fascículo "Donga e os primitivos", da série *História da Música Popular Brasileira*, da Abril Cultural, lançado em 1972.

Lembrou-lhe alguma das minhas?
Não, não;
nem de mim mais se lembrou.

Seria, porém, a partir da segunda metade do século XIX que a história da música popular iria fixar os primeiros nomes daqueles que ajudaram a formar, no Brasil, um dos mais ricos patrimônios de todo o mundo, no campo dos ritmos e das canções. E havia com toda a certeza uma razão para isso.

Por oposição à música folclórica (de autor desconhecido e transmitida oralmente de geração a geração), a música popular (composta por autores conhecidos, e divulgada por meios gráficos, como as partituras, ou através de gravações de discos, fitas, filmes ou videoteipes) constitui uma criação contemporânea do aparecimento das cidades com um certo grau de diversificação social.

No Brasil isso equivale a dizer que a música popular aparece nas duas principais cidades coloniais — Salvador e Rio de Janeiro — no correr do século XVIII, quando o ouro das Minas Gerais desloca o eixo econômico do Nordeste para o Centro-Sul, e a coexistência desses dois centros administrativos de áreas econômicas distintas torna possível a formação de uma classe média urbana relativamente diferenciada.

Nos primeiros duzentos anos da colonização portuguesa no Brasil, a existência de música popular se tornava impossível desde logo porque não existia povo. Os indígenas, primitivos donos da terra, viviam em estado de nomadismo ou em reduções administradas com caráter de organização teocrática pelos padres jesuítas. Os negros trazidos da África eram considerados "coisas" e só encontravam relativa representatividade social enquanto membros de irmandades religiosas. E, finalmente, os raros brancos e mestiços livres, empregados nas cidades, constituíam minoria sem expressão, o que os levava a identificar-se culturalmente ora com os negros, ora com os brancos da elite de proprietários — os chamados "homens bons".

Durante esses dois primeiros séculos de colonização, portanto, os únicos tipos de música ouvidos no Brasil seriam os cantos das danças rituais dos indígenas, acompanhados por instrumentos de sopro (flautas de vários tipos, trombetas, apitos) e por maracás e bate-pés; os batuques dos africanos (na maioria das vezes também rituais, e à base de percussão de tambores, atabaques e marimbas, e ainda de palmas, xequerés e ganzás) e, finalmente, as cantigas dos europeus colonizadores. Estas eram ainda representadas por gêneros de músicas que remontavam em muitos casos ao tempo da formação dos primeiros burgos medievais, do século XII ao XIV, e que se conheciam como *romances*, *xácaras*, *coplas* e *serranilhas*. Fora desses tipos de música, só se poderia citar — e já como criações ligadas à arte de elite dos colonizadores — o cantochão das missas e do hinário religioso católico (salmodias cantadas em contraponto) e os toques e fanfarras militares.

Para que pudesse surgir um gênero de música reconhecível como brasileira e popular, seria preciso que a interinfluência de tais elementos musicais chegasse ao ponto de produzir uma resultante. E, principalmente, que se formasse nas cidades um novo público com uma expectativa cultural própria a estimular o aparecimento de artistas capazes de promover essa síntese. Pois isso só se deu de forma ampla e regular a partir de meados do século XIX, quando o povo das principais cidades brasileiras configurou em sua heterogeneidade o que modernamente se chama de massa e passou a exigir um tipo novo de produção cultural, capaz de atender a novas formas de lazer. Essa produção, no setor da música, fez-se representar pelos gêneros da modinha e do lundu; no campo da dança pela criação do maxixe; e, no da diversão em geral, pelo aparecimento dos cafés-cantantes, dos teatros de revista e, mais tarde, das casas de chope e dos desfiles de Carnaval.

Para que a música estivesse presente em todas essas criações surgidas da necessidade de organização do lazer na vida das cidades, várias gerações de artistas do povo deram a sua contribuição, primeiro ao som da viola, depois nos conjuntos de choro (à base de flauta, cavaquinho e violão) e, por fim, manejando instrumentos sofisticados como o piano, ou primitivos como os pratos raspados com facas dos sambas de partido-alto. Graças ao talento inato das grandes massas populares do Brasil, não apenas nas cidades, mas na área rural (a música urbana no Brasil muitas vezes se confunde com a do campo), os nomes desses criadores do povo se contam por milhares até hoje.

Xisto Bahia (1841-1894)

Por volta de 1860, quando o jovem filho de um oficial veterano das lutas da Independência e da Cisplatina começou a tornar conhecido nas rodas boêmias de Salvador sob o estranho nome de Xisto Bahia, as velhas modinhas sentimentais viviam um curioso momento. Divulgada em meados do século XVIII em Portugal pelo mulato carioca Domingos Caldas Barbosa, a modinha passara a ser cultivada nos salões por compositores eruditos influenciados pela música italiana.

Assim, já no início do século XIX, quando o Príncipe Regente Dom João se transportou com toda a corte portuguesa para o Brasil, as modinhas algo irônicas e espontâneas de Caldas Barbosa tinham-se transformado em verdadeiras árias de ópera. Como a produção dessas modinhas se circunscrevia aos meios do Paço e da Capela Real (onde até o Padre José Maurício, compositor de missas e de réquiens, não escapava às tentações do gênero profano), as letras de tais canções eram quase sempre escritas por poetas e literatos. Isso tudo contribuía para conferir à modinha uns ares aristocráticos, que chegariam a levar estudiosos como Mário de Andrade a admitir que sua origem fora erudita, e só muito tarde o gênero passara ao violão do povo pela mão dos seresteiros e boêmios românticos. Na verdade, apesar de a modinha ter figurado quase cem anos como a música de salão predileta dos compositores clássicos de Portugal e do

Brasil, sua repopularização vinha sendo promovida desde a década de 1830, no Rio de Janeiro, pela primeira geração de poetas do romantismo.

Reunidos na loja do livreiro e editor carioca Paula Brito, no largo do Rocio Grande (hoje praça Tiradentes), poetas como Laurindo Rabelo, Gonçalves de Magalhães, Casimiro de Abreu e Gonçalves Dias começaram a escrever versos que eram musicados não mais apenas por músicos de escola, mas por simples tocadores de violão, como o parceiro de Laurindo Rabelo conhecido por Cunha dos Passarinhos. O próprio Paula Brito (que era um mulato de origem modesta e chegara ao nível dos literatos do tempo com esforço de autodidata) também compunha modinhas e lundus, chegando a imprimir em suas oficinas a partitura do lundu "A Marrequinha de Iaiá", com música de Francisco Manuel da Silva, autor do Hino Nacional. Como as principais cidades brasileiras estavam em fase de rápido crescimento, essas produções de poetas e de músicos — de qualquer maneira mais ligados às fontes populares que os das gerações anteriores — ganharam os violões, anônimos, das ruas, e imediatamente as modinhas entraram a constituir parte obrigatória do repertório de gemidos de mestiços de gaforinha partida ao meio.

É por essa época que, na Bahia, aparece o nome do violonista, compositor e depois ator de teatro Xisto Bahia. De saída, sua importância estava em que, sendo um compositor do povo pela origem, sua condição de ator ia levá-lo a atuar n) âmbito da classe média como o intermediário que estava faltando entre os literatos letristas da primeira metade do século XIX e aqueles cantores de rua que dependiam da criação alheia para fazer cair o queixo de seus auditórios de esquina soluçando nos bordões. Embora a bibliografia no que se refere à modinha popular seja muito escassa, a maioria dos depoimentos existentes coincide no reconhecimento dessa importância do ator e compositor baiano. No mesmo livro em que cita Xisto Bahia como "o maior cantador de modinhas do século passado", o musicólogo Flausino Rodrigues do Vale lembra que o historiador italiano Vincenzo

Os que começaram a história

Cernicchiaro definira o baiano como "espírito de harmoniosa graça, inimitável pela maneira especial com que sabia cantar tanto as próprias modinhas como as de alheio punho", acrescentando: "E era de ver-se como este músico ingênito, apesar de não conhecer uma nota de música, sabia comover todo um auditório". Isso queria dizer que, apesar da condição de representante das camadas mais baixas do povo, Xisto Bahia — tal como mais tarde aconteceria no Rio com Catulo da Paixão Cearense — conseguia superar com a força da sua personalidade a marca de classe, impressionando as camadas médias e a própria elite com a beleza da música e a dignidade dada à interpretação das suas modinhas.

De fato, ao apresentar-se na cidade paulista de Piracicaba em 1888 — quando já percorria o Brasil como ator consagrado —, Xisto Bahia, apesar de citado pela *Gazeta de Piracicaba* como o ator que "cantou ao violão as *modinhas do capadócio*, sendo ruidosamente aplaudido pela plateia" (o que dá a entender pela escolha do termo capadócio o preconceito do comentarista contra o gênero da música), tem a sua participação pessoal ressalvada pela observação: "Xisto é um cavalheiro extraordinário: reúne ao dom de uma fisionomia, um aspecto singular, e no sexo amável abre uma brecha imensa, como a uma muralha de pedra não o faria a maior artilharia".

Para o longo processo de retomada da modinha como gênero popular — embora sempre sujeita ao talento individual dos modinheiros, ao contrário das demais canções populares passíveis de interpretação coletiva, como seria mais tarde o caso do samba —, a importância assumida pela figura de Xisto Bahia era fundamental.

O fato de Xisto Bahia ter livre trânsito entre os intelectuais, depois que a sua parceria com o maranhense Artur Azevedo tornou-o praticamente coautor da comédia em um ato *Uma Véspera de Reis* (representada pela primeira vez no Teatro São João, na Bahia, a 15 de julho de 1875), ia fazer com que vários poetas baianos se dignassem também a escrever versos especialmente para serem por ele transformados em modinhas populares. Animados pelo prestígio de Xisto Bahia perante o público dos teatros, figuras da elite como o Visconde de Ouro Preto, o historiador Melo Moraes Filho e o poeta pernambucano Plínio de Lima lançaram-se como autores de modinhas. E em breve os seresteiros podiam contar com modinhas como a famosa "A Casa Branca da Serra", que em 1880 Guimarães Passos "compôs e cantou numa memorável noite boêmia", segundo afirma o autor Afonso Rui em seu livro *Boêmios e seresteiros baianos do passado.*

Quem melhor distinguiu esse traço de ligação estabelecido através de Xisto Bahia entre a segunda geração de poetas românticos e os cantadores de modinhas do povo foi o historiador da música brasileira Guilherme de Melo. Baiano como o próprio Xisto (que conheceu e ouviu cantar na cidade do Salvador), Guilherme de Melo lembra em seu livro *A música no Brasil*, com toda a exatidão: "O que se dava com relação a Laurindo [Rabelo] no Rio, reproduzia-se na Bahia com Xisto Bahia, ator e aprimorado trovador, que arrebatava auditórios, cantando modinhas próprias ou alheias, interpretando e cantando como artista que era engraçadíssimos lundus, aos repinicados do violão".

E após salientar que o mais admirável no autor baiano "era a pujança do seu estro musical sem conhecer uma só nota de música", Guilherme de Melo entrava na análise da modinha "Quis Debalde Varrer-te da Memória", anotando: "Não haverá de certo, no mundo, artista nenhum que desdenhe assinar o seu 'Quis Debalde', uma vez que no gênero ele em nada é inferior aos seus similares. Como o 'Nel Cor Più Non Mi Sento', de Paisello, sobre o qual Beethoven, o mais sublime dos mestres, não desdenhou fazer diversas variações; como o 'Carnaval de Veneza', que é o canto mais popular do mundo inteiro e que tem servido de tema a centenas de variações de artistas distintos como Liszt, Paganini e outros; como o 'Ah Che la Morte Ognora', do *Trovador* de Verdi, que quanto mais cantado mais lindo se torna, assim o 'Quis Debalde', de Xisto Bahia, sendo uma composição essencialmente pura e bela como as supracitadas, há de atravessar o

Os que começaram a história

perpassar dos tempos, conservando sempre o mesmo encanto e a mesma frescura como se fosse escrito na atualidade".

A importância de Xisto Bahia, porém, não se esgotava nessa criação de modinhas que, apesar da comparação com músicas eruditas europeias, imediatamente se tornavam populares em todo o Brasil. Conforme salienta Afonso Rui no seu livro *Boêmios e seresteiros baianos do passado*, "não era Xisto menos inspirado no compor de lundus então em voga como o 'Isto é Bom que Dói', o 'Pescador' (com letra de Artur Azevedo), 'A Mulata' e 'A Preta', esta última ainda ouvida por mim, cantada nesta cidade [da Bahia] num circo de cavalinhos, por Eduardo das Neves". A citação, além de valer como um documento do papel de divulgador nacional de músicas populares assumido no início do século pelo palhaço Eduardo das Neves, do Rio de Janeiro, ainda é acrescida por Afonso Rui com esta lembrança reveladora, a propósito de Xisto Bahia: o estribilho do lundu "A Preta" era nada mais, nada menos do que o célebre

> Laranja, banana,
> Maçã, cambucá,
> Eu tenho de graça
> Que a preta me dá

tantas vezes aproveitado mais tarde por outros compositores, entre eles o também baiano Dorival Caymmi no seu samba "Cais Dourado". Alguns desses lundus de Xisto Bahia, como o "Isto é Bom", lançado no teatro de revista (o grande divulgador das músicas populares, antes do disco e do rádio), alcançaram, em pleno sucesso, o início do século XX, com seus estribilhos transformados em música de Carnaval. Para Xisto Bahia — e até neste ponto ele foi representativo —, o sucesso e a fama só não lhe conseguiram dar a fortuna que merecia. E após uma vida inteira de glórias e de fama como ator (até o Imperador Dom Pedro II o aplaudiu no espetáculo comemorativo da Batalha do Riachuelo, em 1880), Xisto Bahia foi obrigado a aceitar em 1891 um emprego modesto de funcionário da penitenciária de Niterói. Despedido logo no ano seguinte, quando o presidente do Estado do Rio e seu protetor Francisco Portela é deposto do cargo, Xisto Bahia (já casado e com quatro filhos) entra em depressão, adoece e morre em fins de 1894 na cidade balneária mineira de Caxambu.

O aparecimento de outros gêneros de música popular no início do século XX, fazendo recuar a modinha e o lundu para a memória dos velhos, ia tornar o nome de Xisto Bahia quase desconhecido das novas gerações. Quando, porém, em 1902, a Casa Edison começou a gravar os primeiros discos (até então a gravação era em cilindros), a música escolhida para inaugurar a série 10.000 das matrizes Zon-O-Phone foi o lundu de Xisto Bahia "Isto é Bom", que o cantor Bahiano interpreta com graça, ressaltando a malícia rítmica que envolvia os versos:

> O inverno é rigoroso,
> Já dizia a minha avó:
> Quem dorme junto tem frio,
> Quanto mais quem dorme só...
>> Isto é bom, isto é bom,
>> Isto é bom que dói.

JOAQUIM ANTÔNIO DA SILVA CALADO (1848-1880)

Até meados do século XIX, o Brasil não possuía organizações ou grupos musicais que se pudessem chamar populares. As camadas mais altas cultivavam principalmente a música lírica e podiam dispor das orquestras de teatro ou dos pequenos grupos de câmara que se formavam principalmente no Rio de Janeiro para atender ao refinado entretenimento das elites nos salões. Os escravos divertiam-se com seus batuques, à base de instrumentos de percussão, e os brancos e mestiços das camadas mais baixas — cantando estribilhos ao ritmo de palmas e violas — dançavam as fofas, fados, miudinhos e lundus, que não passavam de misturas daqueles batuques de negros com vários gêneros de danças populares portuguesas, espanholas e até francesas (o miudinho surgira do minueto). Assim, quando, a partir do início do Segundo Reinado, as classes sociais das principais cidades brasileiras começaram a se diversificar, a nascente classe média, não encontrando um tipo de música com que pudesse se identificar (a não ser a modinha e o lundu-canção), teve que importar gêneros europeus como a polca, em 1844, e logo depois o *schottisch*, a quadrilha e a mazurca. Nas fazendas mais importantes, os proprietários organizavam bandas de escravos, e mesmo em cidades como o Rio e Salvador acontecia os barbeiros formarem seus conjuntos instrumentais denominados "música de barbeiros". Mas esses grupos ou tocavam peças clássicas ou músicas importadas da Europa, geralmente para animar festas de adro das igrejas.

É então, pelos meados do século XIX, que aparece no Rio, tocando flauta como nunca se ouvira, o mulatinho filho de um mestre de banda do mesmo nome, Joaquim Antônio da Silva Calado. Calado Júnior (como foi conhecido até a morte do pai, em 1867), casara-se muito cedo, e ao ficar órfão, com dezenove anos, foi ganhar a vida tocando não apenas peças clássicas, mas música dançante, em bailes de casas de família e festinhas de casamento e batizado.

Ora, como nos ambientes acanhados das salas de visitas não cabia o instrumental das bandas, essa música doméstica geralmente era fornecida apenas por tocadores de violão e de cavaquinho. Segundo afirma o maestro Baptista de Siqueira em seu livro *Vultos históricos da música brasileira*, "esses artistas aprendiam uma polca de ouvido e a executavam para que os violonistas se adestrassem nas passagens modulantes, transformando exercícios em agradáveis passatempos".

A Calado ia caber exatamente o papel de introdutor da flauta nesses conjuntos, criando o primeiro grupo instrumental de caráter absolutamente popular e brasileiro, e cuja forma "chorada" de execução ia conferir ao estilo e aos grupos de músicos o nome de *choro*. Explicando essa criação do ponto de vista musical, o maestro Baptista de Siqueira, referindo-se ao grupo de Calado, escreveu que "constava ele, desde sua origem, de um instrumento solista, dois violões e um cavaquinho, onde somente um dos componentes sabia ler a música escrita: todos os demais deviam ser improvisadores do acompanhamento harmônico".

O resultado da música produzida por esses conjuntos de choro, à base de modulações, era a criação de melodias tão trabalhadas que os editores as julgavam avançadas demais, e, temendo fracasso de venda, obrigaram Calado a imprimir suas primeiras obras por conta própria, como aconteceu com as polcas "Querida por Todos" (dedicada à sua companheira de choro Chiquinha Gonzaga), "A Sedutora" e "Linguagem do Coração".

E os editores não deixavam de ter alguma razão porque, segundo ainda observação de Baptista de Siqueira, já nessas polcas aparecia "uma espécie de introdução servindo de estribilho permanente a duas estrofes que se sucedem em alternativas na execução". Essa característica iria servir de base, menos de dez anos depois, para a criação de um gênero novo de música dançante, de par enlaçado, genuinamente brasileira e popular: o maxixe. O reconhecimento da importância de Calado no meio dos próprios "chorões", entretanto, foi desde logo muito grande, e pode ser medido hoje pelo levantamento da influência claramente exercida pelo flautista sobre os músicos populares da sua geração.

"O grande flautista", escreveu a pioneira da pesquisa de música brasileira Marisa Lira num artigo sobre Calado, "criou escola, contaminando os executores da época com suas interpretações originais. Lançou, já não há mais dúvida, as bases da nacionalização da música popular brasileira." E explicando a ação de Calado como animador da formação de grupos de choro, acrescentou: "Foi seu acompanhador predileto o Saturnino, um pardo magrinho que tocava violão admiravelmente. Seus companheiros de choro: Viriato Figueira, Chiquinha Gonzaga, o Silvei-

Os que começaram a história 109

ra, o Luisinho flautista, Rangel, Baziza, Ismael Correia, Zequinha, Leal Careca e mais alguns".

Ao lado dessa posição de destaque na área popular, Calado alcançaria em 1871 a honra de tornar-se o terceiro professor da cadeira de flauta do Conservatório Nacional de Música, o que lhe permitiria receber de Dom Pedro II, em 1879, juntamente com os demais professores daquela instituição, a Ordem da Rosa, no grau de comendador. A honraria, no entanto, como no caso de tantos outros compositores brasileiros, não o impedia de ter que continuar a tocar como músico profissional em bailes e festas para ganhar a vida.

E foi assim que, logo após o Carnaval de 1880, quando ainda tocou flauta como componente de orquestra de bailes de teatro, o comendador Joaquim Antônio da Silva Calado caiu com a febre de uma epidemia que grassava no Rio de Janeiro e morreu em março, sendo enterrado no Cemitério de São João Batista "com pequeno acompanhamento de amigos" — conforme esclarece seu biógrafo Baptista de Siqueira —, "por haver sucumbido de doença contagiosa e estar sendo proibido qualquer tipo de aglomeração humana".

Com a morte de Calado, a música brasileira teria que esperar alguns anos até o aparecimento de outro flautista à altura de sua arte (seria Patápio Silva, nascido na vila de Itaocara, no Estado do Rio de Janeiro, a 22 de outubro de 1881), mas as suas composições nunca chegaram a ser esquecidas. No início do século XX, mais de vinte anos depois do desaparecimento do flautista, o pernóstico poeta Catulo da Paixão Cearense resolveu tomar como um desafio as dificuldades musicais da última composição de Calado, a polca "Flor Amorosa", e transformou-a em canção, colocando-lhe os versos que lhe garantiram a sobrevivência na memória popular:

> Flor amorosa,
> Compassiva,
> Sensitiva...

PEDRO GALDINO, PAULINO DO SACRAMENTO E PEDRO DE SÁ PEREIRA: OS CHORÕES E O TEATRO

A partir do início do século XIX, os velhos chorões tocadores de valsas, *schottisches* e polcas nas festas de casa de família passaram a encontrar mais facilmente oportunidades de se tornarem profissionais.

A partir de 1902 começavam a ser gravados discos de gramofone, e o teatro de revista, que vinha crescendo desde fins do século XIX, cada vez mais pedia músicos para suas orquestras e mais composições para animar os quadros musicados das peças alusivas a temas da atualidade.

Entre esses muitos músicos de choro que chegaram a ver perpetuadas em discos algumas das melhores provas de seu talento estava Pedro Galdino, operário de uma fábrica de tecidos do bairro carioca de Vila Isabel. Nascido na segunda metade do século, Pedro Galdino — preto de origem popular urbana inequívoca, como revela sua condição de operário têxtil — aprendeu a tocar flauta no auge da influência de Calado, o que significa dizer que era um virtuosista, preocupado em dificultar nos solos o acompanhamento improvisado dos violões e do cavaquinho.

Os dados pessoais sobre Pedro Galdino são muito poucos (Ary Vasconcelos afirma em seu livro *Panorama da música popular brasileira* que foi mestre da banda da Fábrica Confiança de tecidos, de Vila Isabel, e que vinha de uma família de músicos). Mas as poucas músicas que chegou a deixar gravadas em discos da Casa Faulhaber explicam perfeitamente a razão do seu prestígio entre os chorões cariocas dos primeiros vinte anos do século XX.

Ary Vasconcelos aponta como a mais famosa das composições de Pedro Galdino a música "Meu Pensamento", transformada, depois de receber letra de Gutemberg Cruz, na canção "Olhos de Veludo". Em discos Faulhaber, porém, Pedro Galdino gravou *schottisches* como "Adélia", valsas como "Pastorinha", e polcas como "Flausina" e "Jocosa", que servem como o mais

Os que começaram a história

perfeito exemplo não apenas da inspiração de Pedro Galdino, mas do próprio espírito do choro, como forma de tocar.

Um pouco mais novo do que Pedro Galdino, o pistonista Paulino do Sacramento (1880-1926), também músico de banda, alcançaria um degrau a mais na carreira: além de conseguir gravar algumas de suas músicas, pôde atingir o estágio de profissionalização, tornando-se maestro de orquestra do teatro de revista carioca. Contemporâneo e companheiro do maestro Francisco Braga no Colégio dos Meninos Desvalidos, em cuja banda tocaram juntos, o início da carreira do jovem Paulino do Sacramento ia ficar ligado ao do grande maestro: quando Braga, já regente da banda do colégio, ganhou uma bolsa para especializar-se em teoria em Paris, foi Paulino o indicado para substituí-lo.

Como o teatro de revista estava, no início do século XX, precisando de músicos capazes de escrever na pauta (a falta de maestros brasileiros obrigava o teatro musicado a servir-se de estrangeiros como o português Gomes Cardim e o espanhol Júlio Cristóbal), o ex-menino desvalido Paulino do Sacramento pôde transferir-se para as orquestras de poço de teatro. A partir da revista *O Rio Civiliza-se*, em 1912 (ao que tudo indica sua primeira contribuição para o teatro musicado) o nome de Paulino do Sacramento não deixa mais de figurar nos cartazes da praça Tiradentes, produzindo partituras para revistas, operetas e burletas até 1926, quando morre a 9 de março.

O ano da morte de Paulino do Sacramento marca, por coincidência, o momento de glória de outro músico de orquestra de teatro de revista, seu contemporâneo: o maestro Pedro de Sá Pereira. Temperamento romântico (era, com seu 1,60 m de altura, muito tímido e franzino), Sá Pereira especializara-se no gênero que a partir da década de 1920 se convencionara chamar de *canção sertaneja*.

A influência da poesia de Catulo da Paixão Cearense chegara também ao teatro de revista, onde as figuras idealizadas dos caboclos começavam a queixar-se do desprezo das morenas com uma insistência que contaminou irremediavelmente a música po-

112   Música popular: na prática um fato social

pular brasileira até a década de 1940 (ou até depois) se for bem observado o repertório da música sertaneja. Pois foi ao compor uma dessas canções para a revista *Comidas, Meu Santo!*, estreada no Teatro São José a 1º de setembro pela companhia da atriz Margarida Max, que Sá Pereira ia conseguir lançar o seu nome muito além dos palcos do teatro musicado. A "canção modinha" (como dizia a partitura), cantada na revista pelo barítono Roberto Vilmar, foi a célebre "Chuá! Chuá!", cuja letra era do revistógrafo Ari Pavão, e que ainda é lembrada pelo seu estribilho:

> E a fonte a cantá
> Chuá... Chuá...
> E as águas de corrê..
> Chuê... Chuê...

Quando a partir da década de 1930 uma profusão de sambas e de marchas invadiu o teatro de revista com Sinhô e toda uma geração de compositores das camadas populares do Rio, Sá Pereira — silenciosamente como era do seu feitio — retirou-se com o repertório das canções debaixo do braço e foi tocar o seu "Chuá! Chuá" para os passageiros dos navios da Companhia de Navegação Costeira, como pianista de bordo.

João da Baiana, Caninha e Donga:
da batucada ao samba

A partir dos últimos anos do século XIX, as principais cidades brasileiras assistiram ao despertar da consciência das camadas mais humildes da sociedade. Inferiorizados até 1888 pela existência da escravidão, os trabalhadores livres da era republicana começaram a disputar um lugar na sociedade, o que, no campo do lazer, se evidenciou por uma crescente participação na festa do Carnaval, transformada pela classe média numa imitação da brincadeira europeia, à base de desfiles de carros alegóri-

Os que começaram a história

cos, corsos e batalhas de flores. Os integrantes dessas populações predominantemente negras e mestiças mais integradas na estrutura econômica das cidades, como os empregados de fábricas e pequenos burocratas, organizaram-se principalmente no Rio de Janeiro em sociedades recreativas denominadas *ranchos*, e passaram a sair no Carnaval produzindo um tipo de música orquestral que acabaria fazendo nascer as marchas de rancho — e, em decorrência delas, as marchas-rancho.

Os mais pobres, porém, onde a cor negra predominava (era o mestiço que invariavelmente galgava os primeiros degraus da escala social), continuaram a exercitar-se nos seus batuques e rodas de pernadas ou de capoeira (nome preferido na Bahia). Essa parte da população não saía no Carnaval de forma organizada, mas em cordões desordenados, cujos desfiles terminavam quase sempre numa esfuziante coreografia de rabos de arraia e em coloridas cenas de sangue.

No entanto, ia ser da música à base de percussão produzida por esses negros com o nome de batucada que nasceria o gênero popular mais nacionalmente representativo da música brasileira: o samba. Três dos mais velhos representantes dessa fase seriam Caninha, João da Baiana e Donga, dos quais os dois últimos ainda chegam à década de 70 do século XX, não apenas como sobreviventes de uma era extinta, mas continuando a demonstrar a validade da sua arte em espetáculos evocativamente denominados da "velha guarda".

O mais antigo deles, José Luís de Morais, o Caninha (1883-1961), chamado em criança de Caninha Doce (porque vendia roletes de cana na zona da estação da Estrada de Ferro Central do Brasil, no Rio de Janeiro), aprendeu a música dos negros durante as batucadas realizadas durante a Festa da Penha. E, em 1932 — quando essa população de descendentes de escravos foi obrigada a morar em casebres no alto dos morros do Rio de Janeiro — compôs o samba que valia por uma aula de história da música popular:

114   Música popular: na prática um fato social

Samba do morro
Não é samba, é batucada.
É batucada.
É batucada.
Cá na cidade
A escola é diferente,
Só tira samba
Malandro que tem patente.

De fato, quando Donga, o mais novo desses três pioneiros, realiza em 1917, sob o nome de samba, o arranjo de motivos populares que intitulou "Pelo Telefone", sua primeira providência é registrar música e letra na Biblioteca Nacional — o que equivalia mesmo a tirar patente. A atitude de Donga (Ernesto dos Santos, Rio de Janeiro, 1890-1974) significava que, coincidindo com o aparecimento do samba, a música popular, como criação destinada ao entretenimento da massa, tinha atingido o estágio de produto comercial capaz de ser vendido e de gerar lucros.

O crescimento da indústria do disco, e logo o aparecimento do rádio, seguidos mais tarde do cinema e da televisão, provaram que Donga tinha sido um pioneiro esperto ao correr à repartição oficial para "tirar patente".

Mas o exemplo da vida do mais velho sobrevivente da geração que criou o samba a partir da batucada, João Machado Guedes (chamado João da Baiana porque era filho da baiana Perciliana de Santo Amaro), veio mostrar que essa esperteza ia valer para todos, menos para os que criaram o próprio samba.

Como funcionário aposentado da Justiça, doente e quase cego num subúrbio do Rio de Janeiro, João da Baiana, com 85 anos, acabou por ser recolhido à Casa dos Artistas de Jacarepaguá, na zona rural carioca, passando seus últimos dias de uma forma não muito diferente daquela que descreveu com bom humor em seu samba de maior sucesso, o "Cabide de Molambo", de 1932:

Mas hoje eu ando
Com o sapato furado...

HEITOR DOS PRAZERES (1898-1964)

Uma das mais completas figuras de criador das camadas populares foi o tocador de cavaquinho, ritmista, compositor e pintor carioca Heitor dos Prazeres. Filho de humildes descendentes de baianos da Cidade Nova, no Rio de Janeiro (o pai era o clarinetista Eduardo Prazeres, da Banda Policial; a mãe, a costureira Celestina), Heitor surgiu para a pintura e a música ainda na infância, dividido entre os desenhos da *Cartilha* de Felisberto de Carvalho (que coloria com lápis) e o cavaquinho que um tio ganhara na rifa, e ele retirava às escondidas do prego que o prendia à parede, usando uma vassoura. Como lembrou mais tarde em seu depoimento ao Museu da Imagem e do Som da Guanabara o próprio Heitor: "Na sala havia também um piano, mas esse só era aberto nos dias de festa e aos sábados, para limpeza".

Após uma infância típica de menino das classes populares do Rio do início do século (Heitor nasceu perto da praça Onze de Junho a 23 de setembro de 1898), o futuro compositor passou por várias escolas, sempre expulso, foi preso por vadiagem aos treze anos e, "aprendiz de tudo", trabalhou com tipógrafos, sapateiros e marceneiros, chegando a tornar-se mestre nesta profissão.

Quando podia largar a pua, Heitor pegava o cavaquinho e com outros rapazolas do tempo — entre os quais Donga e Caninha — ia apreciar os sambas na casa da baiana Tia Ciata, onde o maioral era o baiano criador dos primitivos ranchos cariocas Hilário Jovino Ferreira. Integrado nesse meio de tiradores de samba de partido-alto, Heitor (conhecido por Mano Lino, nas rodas de sambistas) saía de baiana no Carnaval tocando seu cavaquinho, e em 1932 já firmava seu nome, vencendo com o samba "Mulher de Malandro".

116   Música popular: na prática um fato social

Quatro anos depois, quando morre sua primeira mulher, Mano Lino escreve uns versos sobre um pierrô apaixonado, que vivia só cantando, e de um encontro com Noel Rosa sob os Arcos, perto da Lapa, nasce o seu primeiro grande sucesso nacional: a marcha "Pierrô Apaixonado". É então que Heitor começa a fazer desenhos para ilustrar as partituras de suas músicas, lançando-se a experiências com a pintura a óleo em 1936. Em menos de dez anos teria a honra de ver um dos seus quadros incluído na mostra de arte brasileira em Londres, para venda em benefício da Royal Air Force. Era a tela *Festa de São João*, diante da qual a Rainha Elizabeth perguntou: "Quem é esse pintor extraordinário?".

Premiado na I Bienal de São Paulo em 1951 com seu quadro *Moenda*, o sambista-pintor (a esta altura contínuo do Ministério da Educação, por influência do poeta Carlos Drummond de Andrade), ainda tinha tempo para assinar o ponto na Rádio Nacional — cujo coro dirigia havia vinte anos — e para apresentar-se em shows com seu grupo de mulatas passistas intitulado Heitor e Sua Gente.

Foi assim que a morte por câncer o encontrou no primeiro minuto da madrugada de 4 de outubro de 1964, no Rio de Janeiro, atirado afinal, depois de toda uma vida de cores, ritmo e poesia — como ele mesmo definiu — "sobre um leito branco como uma negra bandeira".

Os que começaram a história

13.
CHORO: UM SOM INSTRUMENTAL
QUE VIVE DE IMPROVISO[21]

Em seu pioneiro vocabulário de expressões populares urbanas, intitulado *Geringonça carioca* — publicado em 1922, no Rio de Janeiro, sob a indicação de "Verbetes para um dicionário da gíria" —, o caricaturista, jornalista e autor de revistas teatrais Raul Pederneiras assim definia a palavra choro: "*Choro* — Baile, musicata. Concerto de flauta, violão e cavaquinho. Música improvisada. *Cair no choro*, dançar".

A definição — desde logo interessante por mostrar que, ao iniciar-se a década de 1920, ainda não se considerava o choro um gênero musical à parte — era perfeita. Desde a metade do século XIX, o que se chamava de choro era realmente a música dos bailes de gente modesta, produzida por pequenos conjuntos à base de flauta solista, cavaquinho centrador de ritmo e violão harmonizador. Tudo estruturado de forma concertante, com a parte de improviso representada pelas passagens melódicas chorosamente executadas nos sons mais graves do violão — o que acabaria conferindo aos esquemas decorrentes desse permanente exercício modulatório o nome de *baixaria*.

Surgida por volta da década de 1870, essa maneira de tocar conferia o tom plangente que se tornaria responsável pelo aparecimento do nome de *choro* para definir a música assim produzida e também pela designação de *chorões* aplicada aos que a executavam.

---

[21] Texto publicado no encarte do LP *Choro* da série *Memória da Música Popular Brasileira*, da Editora Abril, de São Paulo, em 1982, para a venda em bancas de jornais de todo o Brasil.

O mais conhecido dentre os primeiros líderes de conjuntos de pau-e-corda cariocas de meados do século XIX, o flautista Joaquim Antônio da Silva Calado Júnior (Rio de Janeiro, 1848-1880) — autor, por sinal, de uma polca clássica do repertório do choro, "A Flor Amorosa" — chegaria a ser considerado, pelo Maestro Baptista Siqueira, o criador do próprio "conjunto denominado Choro Carioca". Embora não reste a menor dúvida de que Calado foi um chorão pioneiro, seria reduzir demais a amplitude do processo social da criação da música de choro pretender creditar essa forma geral de tocar à ação de um único instrumentista.

De qualquer forma, o que as escassas informações em torno da vida musical da época parecem comprovar é que os conjuntos formados por Calado incluíram entre seus integrantes alguns dos mais competentes músicos do tempo (como era o caso da jovem pianista Chiquinha Gonzaga), podendo, por isso, ser considerados os mais importantes dessa fase de fixação do estilo choro. Dessa maneira, quando desaparece Calado, a repercussão da obra e da ação de seu sucessor, o também flautista Viriato Figueira da Silva (Macaé, RJ, 1851-Rio de Janeiro, 1883), atesta que a maneira chorosa e maliciosa de tocar já estava estruturada e começava a inspirar composições com características próprias.

A partir da década de 1880, com a proliferação crescente dos pequenos conjuntos de flauta, violão e cavaquinho — agora também transformados em acompanhadores da cantoria de modinhas sentimentais, entoadas à noite pelas ruas, e em fornecedores de música para bailes em casas de família —, o choro torna-se cada vez mais popular.

É então que se espalha por todo o Brasil o verdadeiro achado de sua baixaria característica, só destronada após os anos 1930, quando os violonistas componentes dos chamados *conjuntos regionais* da era do samba batucado adotam o acompanhamento de ritmo de percussão, responsável pelo aparecimento do samba-choro e, logo depois, da variante mais sincopada que ficaria conhecida como samba de breque.

120   Música popular: na prática um fato social

Desde a segunda metade do século XIX, os componentes típicos dos grupos de choro foram sempre gente da baixa classe média. Essa afirmação pode ser comprovada com o simples levantamento das profissões dos músicos, cantores, compositores, mestres de bandas e boêmios ligados a grupos de choro referidos pelo carteiro carioca Alexandre Gonçalves Pinto em seu livro de memórias *O choro: reminiscências dos chorões antigos*, publicado em 1936.

Mediante a sucessão de pequenas biografias dos seus velhos companheiros de choro, relembrados desde 1870, pelo menos, até os primeiros vinte anos do século XX, Gonçalves Pinto fornece, ora direta, ora indiretamente, dados identificadores de no mínimo 285 chorões. Dentre estes, 80 são citados como tocadores de violão, 69 de flauta, 16 de cavaquinho exclusivamente (grande parte dos violonistas citados às vezes também tocava cavaquinho), e 15 de oficlide (antecessor do saxofone e o quarto instrumento mais popular do choro carioca).

Um estudo envolvendo os dados fornecidos pelo memorialista sobre esses quase trezentos músicos de choro indicou que, dos 129 chorões cuja profissão foi possível determinar, 122 eram funcionários públicos (militares componentes de bandas do Exército ou de corporações locais e civis empregados em repartições federais e municipais); dos Correios e Telégrafos provinha o maior contingente, ou seja, um total de 44 músicos.

Segundo foi ainda possível comprovar pelas citações do carteiro, depois dos Correios, a instituição de onde mais saíram músicos para os choros cariocas foram as bandas militares, sobretudo a partir do ano de 1890, quando cresceu a participação dos instrumentos de sopro.

Tais bandas, cuja influência se estenderia até o advento do disco, no início do século XX — quando, aliás, ainda gozavam de enorme prestígio popular —, foram sempre importantes núcleos formadores de instrumentistas. Nessa época em que as orquestras eram raras, havia uma infinidade de bandas, e o ardor republicano do período de Floriano Peixoto (é o próprio Alexandre Gonçalves Pinto quem o indica) servira para ampliar o seu número.

Mediante a enumeração do memorialista, sabemos que figuravam entre essas bandas a do Corpo de Marinheiros (de onde saiu Malaquias Clarinete), a do Corpo Policial da Província do Rio de Janeiro (da qual era regente o Alferes Godinho, que nos choros tocava flautim), a da Guarda Nacional, a do Batalhão Municipal e, principalmente, a do Corpo de Bombeiros (organizada por Anacleto de Medeiros, que a ensaiava brandindo uma grande vara, à guisa de batuta). Dessa Banda do Corpo de Bombeiros do Rio de Janeiro fizeram parte — entre outros que Alexandre Gonçalves Pinto provavelmente esqueceu de citar — os chorões Irineu Pianinho (flauta), Irineu Batina (trombone, oficlide e bombardino), João Mulatinho (bombardino) e Pedro Augusto (clarinete), que chegaram a contramestres da banda, e, ainda, Tuti, Geraldino, Nhonhô Soares e Albertino Carramona. Sem contar como banda militar a do Arsenal da Guerra, integrada por operários daquela repartição, chegariam a 27 os músicos militares documentadamente ligados a grupos de choro do seu tempo.

A comprovação final de que os conjuntos de chorões se formaram, durante cerca de cinquenta anos, com elementos oriundos quase que exclusivamente da baixa classe média anterior à Revolução de 30 é fornecida pela soma dos dados obtidos ao longo do livro do carteiro carioca: dos 129 chorões cujos empregos Alexandre Gonçalves Pinto revelou, 31 eram pequenos funcionários públicos federais, sobretudo da Alfândega (9) e da Central do Brasil (8); e 13, pequenos servidores municipais, trabalhando em cargos como os de chefe de turma da Saúde Pública (Agenor Flauta), feitor de turma (flautista Carlos Spínola, pai da vedeta-cantora Aracy Cortes), e até na curiosa função de "porteiro de higiene" da Municipalidade, como era o caso do violonista Quincas Laranjeira.

Fora das repartições públicas, o carteiro chorão só cita com relativa frequência a Light, ao lembrar os nomes de Juca Tenente, de quem afirma ter sido motorneiro de bonde, mas esquece de esclarecer que instrumento tocava Crispim, cocheiro de bondes de burro que tocava oficlide; e do flautista Loló condutor de bondes da Companhia de São Cristóvão, morto em consequência de uma pedrada na cabeça durante o movimento popular conhecido no Rio por Revolta do Vintém.

Em outras atividades, Alexandre Gonçalves Pinto só menciona um palhaço de circo, o cantor de modinhas Júlio de Assunção; um oficial de ortopedia, Raul, que tocava flautim; um sacristão da Igreja de Santo Antônio, um flautista chamado, muito a propósito, de Pedro Sacristão; e um vendedor de folhetos de modinhas, o cantor Francisco Esquerdo, que, segundo o memorialista, fazia a delícia dos passageiros dos trens suburbanos da Central do Brasil, no Rio de Janeiro, ao percorrer os vagões cantando com sua bela voz os últimos sucessos populares.

O velho carteiro refere-se em seu livro a um único chorão profissional: o tocador de requinta Catanhede, que — afirma ele — não tocava sem ser pago. A circunstância talvez se explique pela raridade dos especialistas de tal instrumento, pois, além desse Catanhede, Alexandre Pinto só cita outro tocador de requinta dedicado ao choro, um certo Juca Afonso.

Em um tempo em que ainda não havia nem o disco nem o rádio, os grupos de música de choro, compostos por gente de origem tão modesta, só podiam mesmo vir a transformar-se em orquestras de pobre. Ante as memórias do chorão Alexandre, pode-se verificar que os componentes dos choros se sentiam realmente à vontade nas festas que eram convidados a animar, sendo tratados pela gente da casa como iguais. Essa igualdade de condições econômicas, em uma camada em que o mestiçamento aparecia em larga escala, explica também o fato de não existir preconceito de cor entre os chorões. A circunstância de a maioria desses músicos ser constituída por brancos e mulatos claros não resultava de nenhuma incompatibilidade com os negros, mas da realidade econômica destes últimos, que, ainda há pouco escravos, formavam o grosso das camadas mais baixas da sociedade. Quando em seu livro Alexandre Gonçalves Pinto se refere a um

Choro: um som instrumental que vive de improviso   123

chorão negro, sente-se claramente que a indicação é incidental, como que para acrescentar mais um dado à descrição da figura do biografado. Eis um exemplo: "João da Harmônica era de cor preta; conheci-o em 1880 morando na rua de Santana nos fundos de uma rinha de galos de briga. Exercia a arte culinária, bom chefe de família e excelente amigo e grande artista musical, conhecido chorão pela facilidade com que executava as músicas daquele tempo em sua harmônica".

Após o maxixe, que tornou ultrapassadas as velhas polcas e mazurcas, seria a vez de o samba impor, a partir da década de 1920, outros ritmos populares à curiosidade da classe média, já agora competindo com a novidade estrangeira da música das *jazz-bands*. Quando essa hora soou, a maioria dos velhos chorões herdeiros da tradição do século XIX ensacou seus violões ou guardou suas flautas no baú. Alguns profissionalizaram-se, aderindo às orquestras de cinema ou do teatro musicado, ou, ainda, à novidade da *jazz-band*, trocando o oficlide pelo saxofone — primeiro sintoma revelador da esmagadora influência que a música comercial norte-americana começava a exercer no Brasil. Ainda assim, salvava-se de toda a experiência um gênero musical nascido do estilo de tocar: o choro instrumental, que teria em Pixinguinha um de seus maiores cultores, e cujo fraseado iria permitir, em pouco tempo, a sua transformação também em música cantada, sob o nome de *samba-choro*.

É bem verdade que, desde fins do século XIX, o poeta popular Catulo da Paixão Cearense vinha criando letras rebuscadas para muitas polcas, xotes e valsas do repertório dos músicos chorões. Acontece que por interpretar tais composições pessoalmente ao violão, acabava transformando-as em modinhas. Ainda assim, nem sempre conseguia disfarçar a origem marcadamente instrumental das melodias. Foi o que ocorreu, por exemplo, com a polca "A Flor Amorosa", de Calado, definida por Catulo em sua versão cantada como uma canção-choro.

Ao lado das antigas experiências de Catulo, outras tentativas de adaptar letras ao fraseado eminentemente instrumental do choro vinham sendo feitas desde o início da segunda década do século XX e, já em 1921, o cantor Baiano tivera a oportunidade de registrar um choro *à moda carioca*, do compositor Eduardo Souto. Essas tentativas, porém, constituíam experiências isoladas, pois, como o tempo mostraria, os conjuntos de choro teriam de sofrer todo um processo de fusão com a música dos meios populares cariocas, produzida à base de instrumentos de percussão, até poder estruturar o novo gênero de música cantada.

O primeiro a notar esse fenômeno do progressivo casamento do choro com o ritmo do samba cultivado pelas camadas mais baixas do Rio de Janeiro foi o crítico Cruz Cordeiro. Em artigo publicado na *Revista de Música Popular*, nº 7, de maio-junho de 1955, sob o título "Folcmúsica e música popular brasileira", Cruz Cordeiro lembrava que, por volta de 1930, "parte do instrumental do choro (violões, cavaquinho), misturado com a batucada do samba de morro (surdo, cuíca, pandeiro e tamborim), ia dar origem aos ritmos batucados responsáveis pelo caráter do *samba de rua* ou *choro de rua*". E acrescentava: "Quer dizer, por causa da batucada do samba de morro, o instrumental do choro, do samba e da própria marcha mestiçaram-se, urbanizaram-se pelo Brasil a partir de então, pelo menos (1930-1933)", fazendo surgir os conjuntos musicais à base do "variado e mestiço instrumental de choro-samba-batucada-marcha".

Bem interpretado, isso quer dizer que, enquanto as orquestras de teatro musicado, bailes e estúdios de gravação caminhavam no sentido da imitação da *jazz-band*, os pequenos grupos de choro herdeiros da música do século XIX, passando agora a admitir instrumentos de percussão, preparavam-se para dar lugar ao surgimento dos chamados *conjuntos regionais*, ou simplesmente *regionais*, como se tornariam mais conhecidos. Formados por flautistas e violonistas virtuosos de espírito chorão, de mistura com ritmistas saídos das camadas mais baixas das cidades, esses conjuntos regionais seriam os criadores do novo gênero de canção logo denominado *samba-choro*, e tão bem definido por Vasco Mariz como "samba com fraseado de flauta na voz".

Choro: um som instrumental que vive de improviso

Segundo alguns autores, como Ary Vasconcelos e Vasco Mariz, o primeiro samba-choro gravado teria sido a composição de Gadé intitulada "Amor em Excesso", de 1932, embora no selo do disco conste apenas a indicação de *choro*. No entanto, o veterano Heitor Catumbi, por seu samba "Comigo Não", gravado por Carmen Miranda em 1934, reivindicava o título de criador não só do samba-choro, mas também do samba de breque, por ele apontado como simples variante do próprio samba-choro.

O certo é que, a partir de 1934, tanto Gadé quanto Heitor Catumbi passaram a produzir choros cantados cujo acompanhamento, na base de ritmo batucado, acabaria despertando a consciência da existência de um novo gênero musical, afinal denominado expressamente de samba-choro em um selo de disco. Isso viria a acontecer em 1935, com o lançamento da composição de Noel Rosa "Amor de Parceria", interpretada pela cantora Aracy de Almeida, com acompanhamento do Regional de Canhoto, um conjunto herdeiro das melhores tradições do velho choro.

Enquanto a denominação samba-choro não se fixou (e até mesmo depois), várias músicas com características de samba-choro foram rotuladas simplesmente de choro, chorinho ou samba. Ou, ainda, foram classificadas de maneira arbitrária. Neste caso estaria o *choro-receita* intitulado "Casaquinho de Tricô", do compositor Paulo Barbosa, e em cuja interpretação, a cargo da dupla Carmen Miranda e Barbosa Júnior, já entrava em 1935 um breque falado que fazia prever o samba de breque, pouco depois desenvolvido pela interpretação malandra de Moreira da Silva.

A partir da Segunda Guerra Mundial, o choro transformou-se em apenas mais um dentre os muitos gêneros criados com o aparecimento da moderna música de consumo ligada aos interesses das grandes gravadoras internacionais. E sobreviveria, em parte, na continuidade do estilo de acompanhamento dos conjuntos regionais da era do rádio (chegando a promover o surgimento de um gênio da baixaria no violão de sete cordas, Horondino Silva, o Dino) e, em parte, graças ao talento de alguns compositores e instrumentistas dedicados ao velho estilo, como Pixinguinha, Benedito Lacerda, Altamiro Carrilho, Waldir Azevedo (cuja composição "Brasileirinho" correria mundo na década de 1950) e, principalmente, Jacob do Bandolim, após a criação, em 1966, de seu famoso Conjunto Época de Ouro. Foram realmente os chamados regionais do rádio e dos estúdios de gravação que, desde a década de 1930 até o aparecimento da televisão, nos anos 1950, mantiveram vivo em todo o Brasil o estilo básico de tocar herdado dos pioneiros conjuntos de choro. No entanto, progressivamente perderam terreno para as orquestras montadas com base em modelos norte-americanos, como observaria em 1969 o Maestro Guerra Peixe, em entrevista concedida à imprensa:

"No começo, o rádio ainda chegou a adotar o chorinho e outros ritmos, interpretados pela harmonia improvisada dos conjuntos. Mas, paulatinamente, as estações foram eliminando-os das suas programações. Os regionais iam sendo substituídos por orquestras convencionais que executavam orquestrações também convencionais. Além disso, a máquina comercial, responsável pela deformação do gosto do público, teve uma grande parcela de culpa: a música impressa implicava um editor e, pelo menos, algum controle de direito autoral, enquanto o improviso não dava lucro aos editores. Dessa forma, criou-se a prevenção contra as manifestações musicais populares mais sadias, forjou-se o preconceito artístico, e os conjuntos regionais — com um dos melhores gêneros, o chorinho — tenderiam ao desaparecimento."

Apesar da esmagadora concorrência, o estilo choro ainda conseguiria demonstrar sua vitalidade nos últimos quarenta anos em pelo menos quatro momentos: na hoje histórica série de catorze discos gravados pela dupla Pixinguinha e Benedito Lacerda, na Victor, entre janeiro de 1944 e dezembro de 1950; na cria-

Choro: um som instrumental que vive de improviso 127

ção, em 1954, por iniciativa de Almirante, do Grupo da Velha Guarda, liderado por Pixinguinha; no espetáculo de Elizeth Cardoso com Jacob do Bandolim e o Zimbo Trio no Teatro João Caetano, no Rio, em 1968 (quando, pela primeira vez, se confrontaram as possibilidades de improvisação do choro, através de Jacob e do Conjunto Época de Ouro, e do *jazz*, via bossa nova, do Zimbo Trio); e, finalmente, na criação, em 1975, dos Clubes do Choro (consequência do sucesso do show *Sarau*, de Paulinho da Viola com o Conjunto Época de Ouro, em 1973, e do LP do pianista Arthur Moreira Lima tocando Ernesto Nazareth, de 1975). Essa vitalidade culminaria em 1977 e 1978 com a realização do I e do II Festival Nacional do Choro pela TV Bandeirantes de São Paulo.

A redescoberta da música do choro, na segunda metade da década de 1970, veio mostrar — surpreendentemente — a existência de excelentes grupos de chorões nos mais diferentes pontos do Brasil: desde o Rio Grande do Sul, com o conjunto do flautista Plauto Cruz, até Pernambuco, com o grupo do violonista Canhoto da Paraíba, passando pela Bahia, onde despontou o conjunto Os Ingênuos, do violonista Edson Santos. Em São Paulo, reuniam-se duas vezes por semana, no fundo de uma garagem, os músicos amadores do Conjunto Atlântico, de Antonio D'Auria, que tinha em Izaías Bueno de Almeida o mais inspirado improvisador de bandolim desde Jacob Bittencourt. No Rio de Janeiro, os velhos remanescentes dos antigos regionais do rádio podiam tocar lado a lado com grupos amadores de primeira grandeza, como os Amigos do Choro, do bandolinista Rossini Ferreira, ou de jovens profissionais, como os do grupo Os Carioquinhas, responsável pelo lançamento do herdeiro do talento criador de Horondino Silva, o Dino, na pessoa do jovem violão de sete cordas Raphael Batista Rabello.

É bem verdade que o movimento de renascença do choro não ultrapassou o fim da década de 1970 (em 1979, a TV Bandeirantes desistiu de promover o seu prometido III Festival Nacional do Choro, programado para o Rio de Janeiro com o tí-

128   Música popular: na prática um fato social

tulo *Noites Cariocas*) e novas modas musicais derivadas do *rock* retomaram seu lugar nos meios de divulgação, sob o comando das grandes empresas multinacionais da indústria do lazer da era dos videocassetes. No entanto, os poucos anos em que conseguiu chegar ao disco, ao rádio e à televisão (de 1974 a 1976 o Conjunto Atlântico chegou a manter programa semanal de uma hora na TV Cultura de São Paulo) foram o bastante para que o choro despertasse o interesse de novas camadas da classe média, levando centenas de jovens ao aprendizado da flauta, do cavaquinho, do bandolim e do violão de sete cordas.

Graças à iniciação desses novos músicos de choro — responsáveis pela formação de numerosos conjuntos dedicados ao gênero, inclusive em nível profissional, como o grupo Nó em Pingo d'Água, do Rio de Janeiro, ao qual se deveria ainda em 1983 a divulgação da obra de João Pernambuco em LP —, o estilo criado ao tempo do flautista Calado ultrapassaria seu primeiro século certo da sobrevivência.

Ao que tudo indica, resistindo como sempre à onda de todas as modas musicais impostas pela máquina industrial — desde a *jazz-band* da década de 1920 ao *rock* estilo "bate-estaca" desta primeira metade dos anos 1980 (a denominação é do Maestro Rogério Duprat) —, o choro brasileiro está vivo. E, embora condenado ao afastamento das salas de espetáculo, do rádio e da televisão, continuará fluindo como um rio subterrâneo, para ressurgir a qualquer momento, de improviso — como é de seu estilo —, sonoro e puro como uma corrente de tradição nunca poluída.

Choro: um som instrumental que vive de improviso   129

14.
SAMBA: DOS TERREIROS AOS ENREDOS[22]

O aparecimento das agremiações carnavalescas que, sob o nome de escolas de samba, tornaram-se famosas por um estilo de música cantada — os genéricos *sambas de morro* —, tem sua origem no vasto remanejamento das camadas de população da área urbana do Rio de Janeiro, iniciado com as grandes obras do Prefeito Pereira Passos, no início do século XX.

Distribuídas desde fins do século XIX por incontáveis casas de cômodos, cortiços e estalagens de dezenas de ruas, vielas e becos do centro da velha cidade colonial e imperial (o retângulo imprensado entre os morros do Castelo e de Santo Antônio, de um lado, e de São Bento, Conceição, Livramento, Providência, do outro, tendo o mar a leste e a zona alagadiça do Mangue, a oeste), as camadas pobres do Rio expandiram-se inicialmente para a área conquistada aos mangues na Cidade Nova e, já na primeira década do século XX, também para o alto de morros como os da Providência — onde se ergueria a primeira favela —, do Pinto, de São Carlos, do Telégrafo (hoje da Mangueira), do Salgueiro e da Tijuca.

Ora, como a música e a dança faziam parte da vida dessa gente pobre, pode-se dizer que o samba — como criação gerada no âmbito de tais camadas — tem a sua geografia perfeitamente demarcada dentro da área urbana do Rio de Janeiro. E, realmente, as notícias envolvendo o aparecimento do samba, desde suas

---

[22] Texto publicado sob o título "Samba de terreiro e de enredo" no encarte do LP *Memória da Música Popular Brasileira*, da Editora Abril, de São Paulo, em 1982, para a venda em bancas de jornais de todo o Brasil.

Samba: dos terreiros aos enredos

origens, em fins do século XIX, até sua explosão como gênero de música de massa, já na era do disco e do rádio, acompanham, passo a passo, o deslocamento da mão de obra não qualificada carioca (formada na maioria por negros e mestiços) em sua progressiva migração do Centro Velho do Rio para o leque de vastas áreas a norte-noroeste, seguindo os eixos das linhas das estradas de ferro Central do Brasil, Leopoldina e Auxiliar.

É o acompanhamento desse avanço contínuo da população trabalhadora, sempre do centro para a periferia e para o alto das encostas montanhosas, que vai explicar, afinal, a razão de o samba — produto da cidade — ter-se transformado a certa altura no chamado *samba de morro*.

Como já está mais ou menos historiado, o samba, enquanto gênero de música registrável e, portanto, com características capazes de atender ao gosto de um público determinado, teria nascido em 1917 durante reuniões festivas na casa da doceira baiana Tia Ciata, então moradora no número 117 da rua Visconde de Itaúna (lado esquerdo da atual avenida Presidente Vargas, próximo à praça Onze de Junho).

Acontece que, embora por essa origem ligada à iniciativa de compositores cariocas frequentadores da casa da baiana o samba pudesse ser considerado uma invenção moderna, seu ritmo básico tinha origem mais antiga.

Na verdade, antes de mudar para a Cidade Nova, a própria Tia Ciata fora uma das muitas baianas residentes na rua da Alfândega, a via que cortava o Centro Velho da cidade, desde o antigo Cais dos Mineiros (onde existiu a primitiva Alfândega do Rio) até o Campo de Santana, então limite natural da cidade, uma vez que a zona alagadiça do Mangue só foi definitivamente aterrada nas últimas décadas do século XIX.

Ora, enquanto corredor destinado a atender ao escoamento dos produtos desembarcados nos trapiches fronteiros, a rua da Alfândega era ainda na segunda metade do século XIX a rua dos grandes armazéns de atacado (em 1874, havia nela 66 casas desse tipo, segundo o *Almanaque Laemmert*), e isso explica a presença de tantos negros no local. Seriam eles, de início, os escravos africanos (desde 1850 quase todos comprados na Bahia) e, mais tarde, seus descendentes transformados em trabalhadores cariocas, encarregados de movimentar a carga pesada através da cidade em carroções puxados por cordas, em varais apoiados nos ombros ou equilibrando os fardos à cabeça.

Assim, não será mais novidade o fato de, até inícios da primeira década do século XX, os primitivos ranchos formados por baianos a partir de 1870 nos bairros da Gamboa e da Saúde (área também de armazéns e trapiches e, portanto, de população predominantemente negra e mestiça) dirigirem-se por ocasião do Carnaval para o largo de São Domingos, situado na altura da confluência da rua da Alfândega com a atual avenida Passos. É que lá morava a baiana Tia Bebiana, na casa de quem se guardava a *lapinha*, símbolo da origem religiosa e natalina do desfile importado da Bahia.

Nesse tempo, portanto, ainda não havia samba como hoje se entende nem se falava na depois tão famosa praça Onze, porque o caminho natural dos ranchos era esse de seguir ao som de suas chulas e marchas diretamente da Saúde para o descampado do largo de São Domingos descendo a rua da Imperatriz (hoje rua do Camerino), onde encontravam seus irmãos trabalhadores do Centro Velho para a confraternização e a solenidade conjunta diante da lapinha.

Em entrevista concedida em 1971 ao autor deste texto, uma testemunha desse capítulo da história da cultura popular brasileira, o pioneiro João da Baiana (então com 84 anos), assim lembrava em sua fala de "negro, velho" essa era do Carnaval baiano-carioca:

"Os baiano tudo era trabalhadô dos trapiche. Onde está a Rádio Tupi [avenida Venezuela] era as docas. O mar vinha na rua Sacadura Cabral, que era a Prainha. E os fundo dos armazém dos trapiche dava pro mar. A frente dos trapiche era a Sacadura Cabral.

Samba: dos terreiros aos enredos

Os navio não atracava porque não tinha cais do porto. Eram as embarcações pequenas que pegavam a carga e iam levá nos navio, perto da ilha das Cobra e da ilha das Enxada. Esses baiano foi que fizero os primeiro rancho de Carnaval na Saúde. Tinha o Rancho da Sereia, que era o mais antigo, na Pedra do Sal, perto de onde é o prédio dos Diário Associado, e o Dois de Ouro. Mas o baiano que criou mais rancho foi Hilário, que fundou o Rei de Ouros. Tinha também o Concha de Ouro e outros."

Assim, é só partir de 1906, quando a construção do moderno porto com cais acostável leva os trabalhadores do pesado a se deslocarem do Centro Velho para a área da Cidade Nova, às margens do canal do Mangue, que vai começar a importância da praça Onze de Junho como ponto de reunião dos foliões e batuqueiros, logo responsáveis pelo aparecimento do moderno samba urbano. Até então — segundo testemunho do antigo componente das rodas de baianos no Rio, Getúlio Marinho, o Amor (Salvador, 1889-Rio de Janeiro, 1969) — o ponto normal de encontro da gente ligada à criação da música do povo era o Café Paraíso, situado na então rua Larga de São Joaquim (atual Marechal Floriano Peixoto), entre as ruas do Costa (hoje Alexandre Mackenzie) e da Imperatriz (atual Camerino). Era daí, segundo Getúlio Marinho, que esses batuqueiros e tiradores de chulas saíam para animar as festas nas casas das tias baianas, entre as quais a mais famosa ficaria sendo, afinal, Tia Ciata, por ter saído de sua casa, em 1916, o samba "Pelo Telefone", sucesso do Carnaval de 1917.

Acontece que essa comunidade integrada basicamente por trabalhadores negros e mestiços descendentes de escravos africanos da mais variada procedência — mas liderada inegavelmente pelos baianos considerados gente do *partido-alto*, ou seja, merecedora de alta consideração — não cultivava apenas o tipo de ritmo depois transformado por compositores cariocas em *samba carnavalesco* ou apenas *samba*. Em sua já citada entrevista de 1971, João da Baiana oferecia uma movimentada descrição do quadro musical que logo passaria da planície da Cidade Nova para as encostas dos morros e longínquos redutos de população pobre ao longo do caminho das estradas de ferro, principalmente da Central do Brasil:

> "Eu fui porta-machado de rancho e de cordão. Porta-machado era tudo garoto bom de capoeira que ia na frente abrindo caminho, dançando e fazendo capoeiragem. A gente tinha que protegê a porta-bandeira porque quando dois rancho ou dois cordão cruzava dava briga. Muita gente boa foi porta-machado: Pendengo, Getúlio Marinho (o Amor), Donga, Heitor dos Prazeres e outros."

E João da Baiana lembrava ainda que, além desses cordões comuns (blocos compostos apenas por homens, geralmente arruaceiros), havia os cordões-de-velho e os afoxés:

> "No cordão-de-velho tinha sempre caras bons de capoeira e de dança que imitavam velho e usavam uma cabeça grande de papelão. E ainda tinha caveira, rei dos diabos e diabinhos. Quando dois velhos cruzavam, um ia na direção do outro fazendo uns pa' sos do ritmo da chula, e o outro tinha que desfazê. Desfazê era, por exemplo, esperá o que vinha fazendo uns passos chamado entrada se aproximá. O outro tinha que desmanchá fazendo tesoura, que era outra variedade de passo. Se fizesse era bom. Se não fizesse levava vaia. Agora, afoxé já era uma coisa africana. Era tudo formado por neto e filho de africano da Senador Pompeu e da rua da Alfândega. O organizador era o Pai Mussurumano. No Carnaval saía nesses afoxés um camarada fazendo uma imitação de trabalho de terrei-

ro. Saía jogando búzio. Afoxé é uma cabaça. Esse nome de cabaça era usado pra não dá o nome de afoxé, que era usado no candomblé. Os cânticos eram em africano."

E João da Baiana lembrava, e ainda era capaz de cantar, embora com voz alquebrada:

> Ora, tum, tum, tum,
> A... rê, rê...
> A... a... afoxé,
> Acu gelê...
> Ora ê, lê, lê, lê
> Acu gelê, gelê
> Afoxé

Esclarecia ainda que "esses cantos eram acompanhados por atabaques, triângulo, agogô e cabaça, que era o afoxé. Só tinha homem. Mulher não entrava".

Fora do Carnaval havia nesses meios de negros descendentes de africanos pelo menos mais duas modalidades de ritmo, canto e dança: a batucada e os sambas. Explicava João da Baiana:

> "Batucada é uma coisa e samba é outra. O samba é você me tirá a mim ou o outro pra roda, com embigada. Saía pra dançá cada um de per si. Batucada é dar queda, já era parte da capoeiragem."

E, em seguida, esclarecia de que forma o samba — tal como ficaria conhecido — nasceu dos improvisos e estribilhos dessas batucadas, marcadas pelo ritmo de palmas e percussão:

> "Antes de falá samba, a gente falava chula. Chula era qualquer verso cantado. Por exemplo. Os versos que os palhaços cantava era chula de palhaço. Os que

saía vestido de palhaço nos cordão-de-velho tinha chula de palhaço de guizo. Agora, tinha a chula raiada, que era o samba de partido-alto. Podia chamá chula raiada ou samba raiado. Era a mesma coisa. Tudo era samba de partido-alto. E tinha samba-corrido."

E na explicação da diferença entre os dois tipos de samba, João da Baiana definia o que viria a ser depois do "Pelo Telefone" — e, logo a seguir, por ação dos compositores malandros do bairro do Estácio e dos morros — aquilo que hoje chamamos de *samba*:

> "O partido-alto era o rei dos sambas. Podia dançar uma pessoa só de cada vez. O acompanhamento era com palmas, cavaquinho, pandeiro e violão, e não cantava todo mundo. No samba-corrido todo mundo samba e todo mundo canta. Por exemplo: no samba de partido-alto eu canto...

> Minha senhora,
> Bela dona chegou na canoa.
> Minha senhora,
> Bela dona chegou na canoa
> O remá
> O sou de lá
> O remá
> Taparica é beira má
> Doná...

> Viu só? Agora no samba-corrido cantava todo mundo. Por exemplo:

> Pelo amor da mulata
> Quase que o nego me mata.

Samba: dos terreiros aos enredos

(*Todo mundo*:)
Pelo amor da mulata
Quase que o nego me mata

Foi ela quem me pediu
Um segredo por favor
Quero um vestido de seda
Um sapato e um mantô.

(*Todo mundo*:)
Pelo amor da mulata
Quase que o nego me mata.

E por aí continuando sem pará. Era o samba-corrido. Daí saiu o samba."

Coincidentemente, lá pelo fim da segunda década do século XX, quando o samba moderno, de autor conhecido e feito para ser gravado em disco, estava nascendo, a tendência para outro deslocamento populacional das camadas pobres do Rio de Janeiro começava a preparar o cenário para nova fase na história dessa criação popular. É que a ocupação dos morros do Rio próximos do centro da cidade — como acontecia desde fins do século XIX com os morros da Providência, da Saúde, do Pinto, da Formiga, do Nheco e de Santos Rodrigues (São Carlos) — ia ser acelerada a partir dos anos 1900 com o desenvolvimento industrial polarizador de crescentes levas de trabalhadores vindos de Minas e do Estado do Rio. A população da então capital do país, que no Segundo Império passara de 150.000 para 522.631, ao chegar a República pula para 664.652 habitantes em 1920 (em 1930 ultrapassaria 1 milhão) e os novos moradores se veem obrigados a subir os morros da Tijuca, a oeste, e do Telégrafo, na direção noroeste, na linha da Central, que espalhará os pobres pela vastidão dos subúrbios e por novos morros, sempre mais além.

Segundo se comprova pelos depoimentos dos mais antigos moradores dos morros cariocas, onde viriam a surgir as escolas de samba, a população inicial era formada pela gente mais heterogênea possível, algumas ainda presas a hábitos rurais (o que desde logo explica a existência tradicional de rodas de jongo e de caxambu nos morros). O da Mangueira, por exemplo, começando a ser habitado pelo início do século XX de forma relativamente disciplinada (o português dono da chácara e da cocheira locais construía barracos na parte mais baixa para alugar aos empregados), passaria a ser ocupado de maneira desordenada a partir de 1908, quando o comandante do 9º Regimento de Cavalaria resolveu acabar com o casario construído pelos soldados em área militar, dentro da Quinta da Boa Vista, e estes foram levando as famílias e o material das demolições para o morro da Mangueira. E, em 1916, com o incêndio que destruiu praticamente toda a parte habitada do morro de Santo Antônio, perto do largo da Carioca, novas levas de ocupantes chegaram para engrossar a população de Mangueira, que já há algum tempo recebia também antigos moradores do Centro Velho da cidade, expulsos pelas obras de remodelação urbana.

Ora, o samba criado a partir do bem-sucedido "Pelo Telefone" (e que ia ganhar nova dinâmica dez anos depois, após sua reestruturação pelos compositores do Estácio, que também o libertaram de seu primitivo caráter amaxixado) não seria inicialmente o que melhor combinava com a média da gente levada a formar a nova comunidade dos morros. Em certo sentido, essa população estava, ainda pela década de 1920, muito mais próxima do som primitivo dos baianos do que do estilo do novo samba produzido na cidade. E foi assim que — embora pareça uma contradição — os compositores desses ricos núcleos de musicabilidade popular acabaram por importar um modelo criado na cidade, desfilando não com os ritmos e canções mais íntimos dos morros, mas imitando o estilo de samba lançado pelos malandros do Estácio.

O Estácio — de onde se chegava facilmente à praça Onze — era, de fato, reconhecido naquele alvorecer de 1930 como um bairro de malandros perigosos. Em seus botequins reuniam-se os

Samba: dos terreiros aos enredos

representantes da massa flutuante da população, que, figurando como excedente de mão de obra num quadro econômico-social acanhado, dedicava-se a biscates, ao jogo e à exploração de mulheres da região do Mangue, que lhe ficava próxima.

Tais *bambas*, como eram chamados na época os líderes desses desempregados crônicos, eram muito visados pela polícia. Assim, não é de estranhar que tenha partido de um grupo desses representantes da malandragem — Ismael Silva, Rubens e Alcebíades Barcelos, Sílvio Fernandes (o Brancura), e Edgar Marcelino dos Santos — a ideia de criar uma agremiação carnavalesca capaz de gozar da mesma proteção policial conferida aos ranchos e às chamadas grandes sociedades em seus desfiles pela cidade. E, realmente, ao apresentar-se pela primeira vez, na praça Onze, no Carnaval de 1929, a Escola de Samba Deixa Falar, do Estácio, tinha à frente uma comissão de cavalarianos cedidos pela Polícia Militar, tocando fanfarra conforme era tradição nos desfiles de carros alegóricos.

Diante do sucesso da iniciativa, blocos e cordões de outros redutos da população predominantemente negra e mestiça imitaram o exemplo do Estácio. E eis como, já no ano de 1930, nada menos que cinco outras escolas de samba surgiam no Carnaval da praça Onze: Cada Ano Sai Melhor, do morro de São Carlos; Estação Primeira, de Mangueira; Vai Como Pode (a futura Portela); Para o Ano Sai Melhor, do próprio Estácio; e a Vizinha Faladeira, da praça Onze.

Na verdade, o que as escolas de samba cantavam em seus primeiros desfiles não eram ainda sambas de enredo, mas sambas imitando o estilo batucado-marchado lançado pelo Estácio e que, por serem compostos — e executados — nos morros durante sessões de ritmo e cantorias ao ar livre, passaram mais tarde a ser chamados de *sambas de terreiro* e, finalmente, *sambas de quadra*.

Aliás, para não tornar monótonas as apresentações, as escolas, a princípio, escolhiam pelo menos três sambas para o desfile na praça Onze: um para esquentar a saída do grupo, pelas imediações da Central do Brasil; outro para ser cantado perante a comissão julgadora; e outro para a saída da escola após a exibição. E, numa prova de que, nos primeiros anos, a tradição das rodas de batuque à base de improvisos do tempo dos negros da Cidade Nova ainda pesava para a gente dos morros, todas as escolas de samba saíam levando à frente dois cantores de voz potente para puxar a primeira parte, fixa (que fazia o papel do velho estribilho das rodas de pernada), e dois *versadores*, encarregados de entrar com versos de improviso.

Em pouco tempo, porém — e embora em meados da década de 1930 ainda não tivesse surgido o samba de enredo como hoje o conhecemos —, o samba de estrutura fixa do Estácio, baseado em primeira e segunda partes envolvendo um só pensamento ou assunto, iria predominar nas escolas de samba, passando a ser conhecido, genericamente, como *samba de morro*, após a introdução do surdo de marcação na bateria (outra criação do Estácio, através de Alcebíades Barcelos, o Bide, também responsável pela inclusão do tamborim).

O samba de enredo, criado para contar em versos o tema escolhido para o desfile, surgiu a partir da década de 1940 como contrapartida musical da progressiva estruturação das escolas no sentido de encenar dramaticamente seus enredos sob a forma de uma ópera-balé ambulante. E isso porque, se de um lado a gente humilde dos morros procurava requintar suas apresentações para ganhar *status*, o governo, por sua vez, começou a perceber, às vésperas do Estado Novo — e não deixa de ser significativa a oficialização do desfile em 1935 —, a vantagem política que resultaria de encaminhar os enredos no sentido da louvação dos grandes temas da História do Brasil. E, na verdade, já na década de 1940 a influência do poder seria tão grande junto às escolas de samba que, de 1943 a 1945, a Portela desfilou com enredos sugeridos pela Liga de Defesa Nacional, não sendo de admirar que nesses três anos tenha sido a vencedora do desfile.

Contudo, o caminho para a estruturação do samba de enredo vinha sendo preparado desde fins da década de 1930. Se-

Samba: dos terreiros aos enredos

141

gundo informação de Marília T. Barboza da Silva e Arthur L. de Oliveira Filho no livro *Silas de Oliveira: do jongo ao samba-enredo*, já em 1933 um repórter de jornal fazia notar que o "samba principal" da Escola de Samba Unidos da Tijuca apresentava-se de acordo com o enredo. De qualquer forma, em 1938 o samba de Antenor Gargalhada para o desfile da Escola de Samba Azul e Branco começava por fazer menção ao enredo no próprio título, "Asas do Brasil". E, em 1941, quando o cantor Gilberto Alves grava em disco Odeon o samba "Natureza Bela!...", esse fato já representava uma vitória do novo gênero: o samba era o mesmo composto por Henrique Mesquita, com o título "Natureza Bela do Meu Brasil", para o desfile da Escola de Samba Unidos da Tijuca no Carnaval de 1936.

Inicialmente ligados ao tema apenas pela sugestão poética, como no caso desse "Natureza Bela", a partir da Segunda Guerra Mundial os sambas de enredo passaram a apresentar-se epicamente descritivos, a ponto de não dispensarem o *exórdio* clássico ("Quem por acaso folhear a História do Brasil/ Verá um povo cheio de esperança desde criança", por exemplo), e a *invocação* dos poemas heroicos (como "Ó deusa da literatura, esclarecei minha memória/ Quero vossa magia para descrever esta empolgante história").

Na parte da *narração* — e ainda por um mistério que talvez se explique por sugestões da leitura de velhas antologias de ginásio, onde se costumava transcrever excertos de poemas e prosa de autores clássicos —, os compositores de escola de samba chegaram a adotar recursos de retórica, destinados, em última análise, a convencer o público do valor do enredo decantado. Em pouco mais de trinta anos, a constância no emprego dessa retórica se tornaria tão evidente que uma equipe de estudantes da Faculdade de Letras da Universidade Federal do Rio de Janeiro chegou a estudar o assunto em nível científico, publicando em 1970 um trabalho intitulado "A retórica do samba-enredo".

Nesse estudo, após a análise de dezoito letras de sambas de enredo cantados nos desfiles cariocas de 1963 a 1970, os estudantes chegaram à conclusão de que as quatro figuras de estilo mais usadas pelos sambistas em sua retórica apresentação dos enredos eram a anástrofe (inversão da ordem natural das palavras), o hipérbato (quebra da ligação imediata entre as palavras), a perífrase (forma eufemística de referir-se ao fato citado) e, finalmente, a sinédoque (emprego do abstrato pelo concreto, e vice-versa).

Mas, para chegar a essa estrutura algo sofisticada dos longos sambas de enredo de fins da década de 1940 em diante, os compositores das escolas de samba percorreram um longo caminho a partir de fórmulas de canto extremamente simples e repetitivas, muito próximas das fontes folclóricas. Na verdade, as escolas de samba só chegaram aos sambas de enredo descritivos quando o número de componentes, começando a crescer aceleradamente (no início da década de 1930, a média era de oitenta a cem figurantes), permitiu melhor aproveitamento da parte teatral do tema, através da multiplicação das alas (em fins da década de 1940 já havia escolas com mais de quinhentas pessoas) e da ampliação do uso das alegorias.

A necessidade de reduzir a poema complicadas passagens da História do Brasil originou então os sambas de longas letras, com quarenta, cinquenta e até mais versos (os chamados *lençóis*). Isso, porém, sem constituir regra absoluta, como comprova o primeiro clássico do moderno samba de enredo, o "Inconfidência Mineira", ou "Exaltação a Tiradentes", de Mano Décio da Viola, Penteado e Estanislau Silva, com apenas treze versos, lançado no desfile do Império Serrano em 1949.

De maneira geral, no entanto, o estilo mais comum de samba de enredo — que a partir de 1950 seria chamado simplesmente de *samba-enredo* — ia ser até o fim dos anos 1960 o dos longos poemas descritivos, revestidos de melodia ampla e solene, e apoiados naquele ritmo de marcação muito segura que constituía uma das características da percussão das escolas desde meados da década de 1930, quando o compositor Alcebíades Barcelos, o Bide, introduziu o surdo de marcação na bateria. Com extraor-

Samba: dos terreiros aos enredos

dinário talento, compositores como Silas de Oliveira, Mano Décio e Cartola levaram esse tipo de samba-enredo à perfeição.

A modificação do samba-enredo longo, com caráter de exaltação patriótica, ia começar em consequência da diversificação da temática dos desfiles, iniciada em 1966 com o lançamento, pela Portela, dos enredos literários. Nesse ano, essa escola tinha como tema de seu desfile o romance *Memórias de um Sargento de Milícias*, de Manuel Antônio de Almeida, transformado em samba por Paulinho da Viola, ainda em estilo tradicional. No ano seguinte, porém, quando a Mangueira retomou o filão, focalizando a obra do escritor Monteiro Lobato, o samba "O Mundo Encantado de Monteiro Lobato", de Darci, Luís e Batista, já trazia uma aceleração do andamento que valia por uma antecipação da nova tendência destinada a ganhar o entusiasmo do público das arquibancadas: a dos chamados sambas *valentes* ou *de empolgação*.

Anunciado desde 1967 não só pelo ritmo mais acelerado do samba da Mangueira, mas sobretudo pelo aproveitamento de música folclórica, por Martinho da Vila, em "Carnaval de Ilusões", feito para a Unidos de Vila Isabel, o samba de empolgação firma-se definitivamente, em 1969, com "Bahia de Todos os Deuses", de João Nicolau, o Bala, do Salgueiro. E atinge seu total descomprometimento com a tradição com o samba "Chegada de um Rei Negro", do capixaba Adil de Paula, o Zuzuca, também para o Salgueiro, e cuja música da segunda parte era... uma marcha de Folia de Reis.

Do início da década de 1970 em diante, a tendência do samba-enredo ia ser essa de atender espertamente às expectativas do público das arquibancadas (composto na maioria por gente da classe média e turistas estrangeiros). Com isso, chegou-se até mesmo ao emprego de palavras sem sentido (em 1972, Zuzuca incluiria entre os bairros da Mangueira um Tengo-Tengo, que jamais existiu), à exploração de temas da religião afro-brasileira com caráter anedótico (em "O Rei da França na Ilha da Assombração", do paulista Zé Di e de José Luís dos Santos, o Malandro, para o desfile do Salgueiro no Carnaval de 1974, dizem os versos iniciais: "In credo in cruiz, eh eh, vige Maria/ As preta veia se benze, me arrepia/ Ô ô ô Xangô") e, finalmente, às histórias mirabolantes como "Vovó e o Rei da Saturnália na Corte Egipciana", de Savinho e Luciano, para a Escola de Samba Beija-Flor, em 1977. Tudo parecendo querer confirmar a tese do pioneiro Ismael Silva, de conformidade com a qual as escolas de samba estariam rapidamente se transformando em ranchos. O que, em todo caso, não deixaria de ser uma volta às origens.

15.
SAMBA: NO INÍCIO ERAM OS BATUQUES[23]

O samba figura ao lado da modinha e do choro como a terceira forma de música popular brasileira mais resistente no tempo. A modinha surgiu em meados do século XVIII, o choro, ao correr da segunda metade do século XIX, e o samba, já caminha para um século. O samba tem sua origem ligada ao advento de uma nova realidade social no país: o crescimento das camadas populares urbanas, provocado pelos ensaios de industrialização a partir das últimas décadas do século XIX.

De forma geral, o samba corresponderia à manifestação musical mais representativa das novas camadas de trabalhadores urbanos, tal como a modinha representara anteriormente o espírito refinado das elites, e o choro, a criatividade da heterogênea classe média composta pela mistura de brancos e mestiços. Neste sentido, não deixa de ser coerente o fato de o instrumento típico da modinha de salão do século XIX ter sido o piano, enquanto o choro se fixou no terno de pau e corda (a flauta de ébano, o violão e o cavaquinho), ficando para o samba, inicialmente, a percussão de adufes, surdos e pandeiros, instrumentos indicadores de sua vinculação à origem negro-escrava dos batuques.

A história do samba remete, portanto, aos acontecimentos determinantes da formação de camadas proletárias urbanas no novo quadro de relações socioculturais surgido com a concentração de indústrias no Sul do país. E como o centro desse polo in-

---

[23] Texto publicado sob o título "Samba" no encarte do LP *Memória da Música Popular Brasileira*, da Editora Abril, de São Paulo, em 1982, para a venda em bancas de jornais do todo o Brasil.

dustrial era o Rio de Janeiro — então também a capital do Brasil —, aí deveria aparecer a forma de canto e dança que, em breve, se espalharia como um modelo de criação musical popular para todos os núcleos urbanos de estrutura semelhante.

Realmente, o aparecimento do samba verificou-se numa área do Rio claramente delimitada, em um tempo perfeitamente localizado e por efeito de uma série de contingências de caráter econômico-social que, ao serem postas a descoberto, permitem compreender o próprio fenômeno da criação popular. Aconteceu entre o fim do século XIX e inícios do século XX. A libertação dos escravos, em 1888, viera liberar numerosa mão de obra no momento mesmo em que se iniciava acelerado processo de urbanização nas principais cidades do litoral. Esses antigos escravos — trabalhadores do eito, artífices e empregados domésticos — iam contribuir, pois, para engrossar as camadas populares do Rio de Janeiro e fazer transbordar o acanhado quadro social herdado do Império.

Os morros cariocas, até então, ainda não eram habitados, como logo viria a acontecer; o próprio morro de Mangueira — que era o antigo morro do Telégrafo — permanecia um extenso bosque até o início do século, merecendo por seus bons ares o apelido popular de *Petrópolis dos Pobres*. Seus primeiros barracos seriam construídos apenas em 1916, quando um incêndio no morro de Santo Antônio, próximo ao largo da Carioca, obrigou centenas de pessoas a se mudarem para aquele arrabalde.

Dessa forma, pode-se afirmar que o grosso da população do Rio de Janeiro vivia já nos subúrbios que começavam a se expandir para os lados de São Cristóvão, ao norte, e Catete e Botafogo, ao sul, como refluxo do superpovoamento do Centro, cuja periferia podia ser considerada a área dos antigos mangues, conhecida pelo nome de Cidade Nova.

A Cidade Nova abrangia a vasta área urbana compreendida por dezenas de ruas situadas às margens do eixo hoje compreendido pela avenida Presidente Vargas e pelo canal do Mangue, e cujos extremos confinavam com a zona do Porto, com o morro de São Diogo, com o Centro tradicional e com o bairro do Estácio. É isso, desde logo, que vai explicar o renome da praça Onze como reduto do Carnaval popular. Mas, no início do século XX, ela nada mais era do que um extenso gramado situado entre as ruas Visconde de Itaúna, Senador Eusébio, Santana e Marquês de Pombal, decorada com um chafariz desenhado por Grandjean de Montigny no centro. Era nesse descampado que, durante o Carnaval, defrontavam-se os cordões que vinham da Zona Sul e da Zona Norte para empenhar-se em disputas que terminavam em brigas memoráveis.

Foi com o advento do século XX, e dentro desse acanhado quadro urbano, que um acontecimento histórico viria permitir nada mais, nada menos do que o aparecimento de um novo gênero de música popular — o samba — e o batismo dos nascentes barracos da população pobre dos morros com o nome de *favela*. De fato, em 1897, a suada vitória no sertão da Bahia sobre os valentes seguidores de Antônio Conselheiro ocasionou a vinda ao Rio dos batalhões recrutados durante a campanha. Permitiu-se então aos soldados que trouxessem com eles as mulheres que haviam conquistado na Bahia, à margem das operações militares. Os batalhões foram recolhidos aos quartéis situados onde até hoje se acha o antigo prédio do Ministério da Guerra. E as mulheres dos soldados procuraram estabelecer-se o mais próximo possível de seus homens, iniciando-se então a construção apressada do núcleo de barracos destinados a ocupar, gradualmente, os morros de São Diogo, da Providência — onde já havia numerosa população — e do Livramento.

Esse contingente de baianas vinha juntar-se aos muitos conterrâneos atraídos para o Rio desde o tempo da escravidão, ante a decadência da economia do café no Vale do Paraíba. Era constituído por muitas crioulas e mulatas, às vezes belíssimas, e inspiradoras de dramas passionais vividos nos barracos da Providência, logo apelidado de *Favela* por lembrar o morro recoberto de faveleiros que dominava na Bahia o arraial de Antônio Conselheiro. Estabelecidas precariamente no morro próximo aos

Samba: no início eram os batuques 149

quartéis, as baianas tinham um ideal: deixar os barracos desconfortáveis e mudar-se para a Cidade Nova, que se estendia, embaixo, na planície cortada pelo intrincado das ruas estreitas que tinham na praça Onze seu grande respiradouro.

A partir desse momento, e dentro de um critério estabelecido logicamente pelas possibilidades econômicas, as velhas casas com quintal de ruas do Rio como São Domingos, Luís de Camões, Visconde de Itaúna, General Câmara, Alfândega, Senador Pompeu, Barão de São Félix, e outras adjacentes, começaram a ser ocupadas por aquelas alegres baianas, cujos maridos e amantes entregavam-se agora à sua primitiva atividade, isto é, a malandragem. Isso se explica pelo fato de o recrutamento dos soldados para Canudos ter sido feito mais ou menos a laço, completando-se os batalhões com bambas moradores nas próprias imediações da Cidade Nova. E, assim, como as mulheres baianas eram na maioria ótimas doceiras, assumiram o encargo econômico da família, o que lhes garantia uma espécie de matriarcado, desde logo traduzido pelo possessivo dos apelidos masculinos: Chico da Baiana, Dudu da Hortênsia, Didi da Gracinda. Quando se dava o contrário, como no caso da Carmen do Chibuca, havia uma explicação de ordem hierárquica: o Chibuca chegara a capitão.

O fato é que, fixando residência na Cidade Nova, essas baianas vinham engrossar, com suas saias de rendas, seus panos da costa e suas sandálias de ponta, o contingente dos baianos vindos para o Rio de Janeiro por intermédio de Seu Miguel, espécie de cônsul da Bahia no bairro, pois era em sua casa que a maioria das famílias migradas da Bahia se alojava até encontrar residência própria.

Mais do que os homens, foram essas mulheres baianas que contribuíram para a conjugação de fatores que levaria ao aparecimento de um gênero novo de música popular, o samba, e de uma estilização da festa religioso-pagã de origem rural, destinada a transformar-se, mais tarde, nos desfiles carnavalescos dos ranchos e das escolas de samba.

Iniciadas nos segredos do candomblé, cujos cantos sempre foram um dos mais ricos filões de inspiração para os músicos populares, essas baianas eram também grandes festeiras. Na casa de uma delas, a Tia Dadá, moradora na Pedra do Sal, na Saúde (onde na década de 1940 se ergueria o prédio dos Diários Associados), é que o compositor carioca Caninha ouviria falar pela primeira vez em *samba raiado* — logo chamado de *partido-alto*.

A memória dos velhos sambistas iria guardar os nomes de algumas dessas mulheres, respeitosamente chamadas de *tias*: Tia Teresa, também conhecida por Teteia, da rua Luís de Camões; Tia Gracinda e Tia Bibiana, de São Domingos; Tia Amélia, mãe de Donga; Tia Presciliana, de Santo Amaro, mãe de João da Baiana; e Tia Tomásia (posterior organizadora de blocos no morro da Mangueira), moradoras nas ruas Senador Pompeu, Barão de São Félix e adjacências.

Na Cidade Nova, na casa de uma dessas baianas — e que por isso ficaria como a mais famosa de todas, a Tia Ciata —, é que, afinal, viria a ganhar forma o samba destinado a tornar-se, quase simultaneamente, um gênero de música popular do morro e da cidade.

Tia Ciata, a Sra. Hilária Batista de Almeida, morara inicialmente, ao vir da Bahia, nas ruas General Câmara e Alfândega. No fim do século XIX fixara-se na rua Visconde de Itaúna, 117, próximo da praça Onze, em um casarão de seis quartos, longo corredor e quintal. Ali residiria quase meio século na companhia do médico João Batista da Silva, que chegaria a oficial de gabinete do Chefe de Polícia durante o governo de Venceslau Brás e com quem teve aproximadamente vinte filhos.

Não houve no Rio de Janeiro do início do século XX um único boêmio que não conhecesse, ao menos de fama, as festas regularmente promovidas na casa da doceira Tia Ciata. Nessas festas em que a cachaça rolava a ponto de o abacateiro do quintal viver pelado — tantas eram as folhas que lhe eram arrancadas para fazer chá de curar bebedeira —, podiam ser encontra-

Samba: no início eram os batuques

dos os maiorais da música popular da época: José Barbosa da Silva, o Sinhô, José Luís de Morais, o Caninha, Marinho que Toca (o grande tocador de cavaquinho, pai de Getúlio Marinho, o Amor), Ernesto Santos, o Donga, Getúlio da Praia, João da Baiana, Heitor dos Prazeres, João Câncio, João da Mata, Hilário Jovino Ferreira, o Lalu de Ouro, Mestre Germano e outros.

Durante os *sambas* nas casas das baianas da Cidade Nova cantava-se de tudo: estribilhos de rodas de capoeira; chulas em forma de quadras soltas (muitas delas "tiradas" durante o Carnaval em ranchos e cordões); lundus e improvisos à base de verso-e-refrão; sambas versados à base de acompanhamento de palmas e pratos raspados com faca, conhecidos por sambas raiados e, logo, por sambas de partido-alto, por neles figurarem os mais velhos e experientes. Tais estribilhos e chulas tinham certamente em comum alguma coisa que, ao ser cantada pela massa durante as passeatas carnavalescas de blocos e cordões, parecia indicar a procura tateante de um ritmo capaz de ordenar a caminhada dos foliões. Dessa forma, pode-se afirmar que, em certo sentido, a descoberta desse gênero — ao qual, afinal, se daria o nome de samba — não foi obra deste ou daquele compositor, mas do próprio Carnaval.

De fato, até o aparecimento do gênero musical produzido especialmente para o Carnaval com o nome de samba — o famoso "Pelo Telefone", registrado pelos frequentadores da casa da Tia Ciata, Donga e Mauro de Almeida — o Carnaval carioca refletiu, da maneira mais transparente, as contradições expressas na confusão que resultava da maneira indecisa pela qual as novas camadas da cidade do Rio procuravam enquadrar-se na chamada "festa do povo". Assim foi que, no início do século XX, enquanto os ranchos já modernizados desfilavam evoluindo ao som de marchas (às vezes adaptadas até de árias de óperas), a gente das camadas mais baixas berrava estribilhos anônimos de batuques, ou cantava chulas e quadras soltas como:

152   Música popular: na prática um fato social

Eu vô bebê
Eu vô me embriagá
Eu vô fazê barulho
Pra polícia me pegá...

E isso enquanto a classe média continuava a divertir-se cantando, indistintamente, a marcha "Ó Abre Alas", de Chiquinha Gonzaga, o tango-chula "Vem Cá, Mulata", de Arquimedes de Oliveira, a polca "No Bico da Chaleira", do Maestro João José da Costa Júnior, ou até — como aconteceu em 1913 — um *one-step*, "Caraboo", lançado pouco antes no palco do Teatro São Pedro em versão brasileira sob o título "Ó Minha Carabu".

Estava-se, pois, às vésperas da Primeira Guerra Mundial e embora as diferentes classes sociais do Rio já pudessem dar-se ao luxo de se divertir em três diferentes Carnavais — o dos pobres na praça Onze, o dos remediados na avenida Central (hoje Rio Branco), e o dos ricos nos corsos com automóveis e nos grandes clubes —, a festa ainda não tinha descoberto o ritmo capaz de lhe conferir um denominador comum musical. Foi exatamente quando, no correr do ano de 1916, um grupo de compositores semialfabetizados que frequentava a casa da baiana Tia Ciata elaborou um arranjo musical de temas urbanos e rurais que, ao ser lançado para o Carnaval de 1917, acabou se constituindo no grande achado musical do samba carioca.

É importante salientar que, quando esse primeiro samba com ritmo de samba fabricado surgiu na casa da afamada festeira, figurando afinal como obra coletiva de velhos foliões baianos e de gente da nova baixa classe média carioca (caso de Donga e do compositor e pianista Sinhô, diretamente ligados ao aparecimento do novo gênero, inicialmente ainda muito preso ao maxixe em sua gravação em disco), a geração de antigos trabalhadores da zona portuária da Saúde tinha evoluído muito. Um exemplo pessoal era fornecido pelo famoso animador dos mais antigos ranchos cariocas, o baiano Hilário Jovino Ferreira, que comprara o título de tenente da Guarda Nacional.

Samba: no início eram os batuques
153

Assim, quando Ernesto Santos, o Donga, correu em novembro de 1916 a registrar na Biblioteca Nacional a composição "Pelo Telefone" (criação coletiva antes intitulada "O Roceiro") — que logo foi transformada em sucesso do Carnaval de 1917 após gravação na Casa Edison e a indicação de *samba* no selo do disco —, esse pequeno fato e a subsequente polêmica provocada por sua esperteza iriam revelar uma particularidade significativa: o novo gênero de música urbana não mais nascia anonimamente, mas levando os nomes de pessoas conscientes de que sua criação constituía alguma coisa *registrável*.

Essa característica comprova, desde logo, mais do que a origem não folclórica do samba carioca: revela sua própria filiação não de todo popular. E isso seria acentuado pelo fato de o compositor responsável pela fixação da música em sua primeira fase, o mulato Sinhô, apresentar-se já como pianista profissional, ligado a clubes de dança pagos, a casas de música e a companhias de discos.

A casa da baiana e mãe de santo Tia Ciata era, de fato, ponto de reunião da gente mais heterogênea possível. Ao contrário do Café Paraíso, da rua Larga, quase esquina da Regente Feijó, e de outros bares cariocas frequentados apenas por bambas das camadas mais baixas do Centro Velho, da Cidade Nova, da Saúde e da Gamboa, a casa da Tia Ciata recebia gente de terreiro, boêmios, profissionais (alfaiates, marceneiros), pequenos funcionários públicos, repórteres (como João Guimarães, o Vagalume, e Mauro de Almeida, o autor da letra com que foi registrado o samba "Pelo Telefone"), baianos bem-sucedidos como Hilário Jovino Ferreira, e representantes da primeira geração de compositores profissionais cariocas, tais como Sinhô e Caninha.

Assim, não é de estranhar que, quando o samba "Pelo Telefone" estourou como sucesso popular no Carnaval de 1917, a luta em torno de sua autoria e a posterior exploração do novo gênero tenham colocado em campos opostos o carioca Sinhô — que acabaria recebendo mais tarde o título de *Rei do Samba* — e os baianos da casa da Tia Ciata, tendo à frente o líder Hilário

Jovino Ferreira, que chegou a desafiar o contendor, pelos jornais, para um torneio de samba de improviso.

Contemporâneo do disco e do teatro de revista eminentemente musical, o samba nascia, pois, com o destino de passar do campo da criação anônima e popular para o da produção consciente de compositores profissionais (como logo seriam Sinhô, Caninha, Careca, Donga, João da Baiana e Pixinguinha). Isso explica seu estilo amaxixado dos primeiros tempos. Embora de origem popular, o samba começava corrompido pelo vício de execução dos integrantes de orquestras das gravadoras e do teatro musicado, àquela época impregnados do ritmo do maxixe, e começando a se deixar influenciar pelos novos gêneros americanos do *one-step*, do *ragtime*, do *black-bottom* etc.

O fato é que, divulgada a novidade musical através do sucesso do samba "Pelo Telefone" (onde a intromissão da classe média ficava clara a partir da letra ironizando a repressão policial à jogatina), o samba ia acabar não apenas com a polca e as chulas, mas também com as toadas sertanejas tipo "O Meu Boi Morreu", indicadores da presença da massa de emigrantes nordestinos que serviam de mão de obra flutuante, ao lado dos descendentes de escravos naquele início da segunda década do século XX. A partir de 1918 — embora ainda tendo que rivalizar nesse ano com a marcha portuguesa "A Baratinha" e com o cateretê "O Matuto", do compositor paulista Marcelo Tupinambá —, o samba não iria mais deixar de figurar como o gênero de maior sucesso nos Carnavais. E, muito significativamente, essa grande carreira do novo gênero, nascido sob o signo da apropriação de temas rurais por parte de profissionais do disco e do teatro musicado, teria início com um samba de Sinhô em cuja letra se revelava, ainda uma vez, o triunfo da cidade, ao depreciar os baianos da casa da Tia Ciata com a ironia do título: "Quem São Eles?".

A Bahia é boa terra
Ela lá e eu aqui, Iaiá...

Samba: no início eram os batuques

Ai, ai, ai,
Não era assim que meu bem chorava.

Os compositores Pixinguinha e seu irmão China também se julgaram atingidos pela ironia de Sinhô. E responderam, em 1919, com o terrível perfil do adversário no samba "Já Te Digo":

Um sou eu
O outro eu não sei quem é (*bis*)
Ele sofreu
Para usar colarinho em pé (*bis*)

O certo, porém, é que o samba, surgido de um apanhado de temas anônimos, acabaria mesmo tornando-se exclusivo do grupo de elementos populares que, após lutar para usar colarinho em pé, passava a dominar os meios de divulgação da época: as editoras musicais, as casas de música, as gravadoras de discos, as orquestras do teatro de revista, os conjuntos de casas de chope (os "chopes berrantes", assim chamados por oposição aos cafés-concerto), as orquestras de sala de espera de cinema e, finalmente, o rádio.

Uma década após a sua criação, o samba encontraria sua forma mais autenticamente popular e carioca no estilo dos compositores do Estácio — estilo que passaria a ser, desde a década de 1930, o dos "sambas de morro", até hoje cultivado nos redutos das escolas de samba sob a denominação de "sambas de terreiro" —, mas não deixa de ser curioso que o samba tenha seguido, de forma geral, um contínuo processo de refinamento formal. Isso se prenderia ao progressivo interesse demonstrado pelas novas camadas da classe média por tal gênero de origem popular, como seria desde logo demonstrado, em 1928, com a criação do samba-canção, imediatamente elevado à condição de forma musical revestida de alguma sofisticação pelo talento de compositores profissionais do disco e do rádio como Noel Rosa, Lamartine Babo e Ary Barroso, a partir da década de 1930.

Oficialmente lançado por Aracy Cortes, em fins de 1928, na revista *Miss Brasil* e conhecido como "Ai, Ioiô" (a música de Henrique Vogeler recebeu três diferentes letras e quatro títulos, até sagrar-se com os versos de Luís Peixoto), o samba-canção tornou-se o gênero preferido dos compositores profissionais do teatro de revista e do nascente rádio comercial. Assim, em pouco tempo, o samba-canção passou a constituir a forma mais típica da chamada "música de meio de ano", enquanto os sambas de ritmo mais vivo e batucado — na maior parte produzidos por compositores das baixas camadas — dirigiam-se quase sempre ao Carnaval.

Descoberta assim a possibilidade de casar a forma samba com outros gêneros de música popular da época, a partir dessa experiência bem-sucedida do samba-canção, surgiriam sucessivamente, ainda em inícios da década de 1930, as novidades do *samba-choro* (nome que apareceu expressamente em selo de disco com a gravação de "Amor de Parceria", de Noel Rosa, em 1935), e o *samba de breque*, na realidade uma variante do *samba-choro*, caracterizado por paradas bruscas para encaixar frases faladas (como passaria a fazer o cantor Moreira da Silva a partir da interpretação do samba "Jogo Proibido", de Tancredo Silva, em 1936).

Durante as décadas de 1940 e 1950, e coincidindo com o crescimento da onda de massificação de gêneros de música estrangeira no Brasil, iriam surgir ainda as tentativas de criação do *sambolero* e da *sambalada*. Tais experiências, porém, representavam, já agora, apenas a manipulação consciente e oportunista das possibilidades de adaptação da fórmula samba a outros estilos (o bolero e a balada americana), com intenção declaradamente comercial, o que só contribuiu para a desvalorização e esvaziamento do gênero nacional, ao menos na área da produção para o consumo. Foi, aliás, esse desprestígio do samba tradicionalmente produzido pelas primeiras gerações de compositores profissionais ligadas ao rádio e ao disco que levou, pelos fins da década de 1950, à revolta dos jovens músicos cariocas da classe

Samba: no início eram os batuques

média emergente de Copacabana contra o que classificavam de mediocridade de um gênero "quadrado" e "ultrapassado". Entusiastas da música norte-americana, representada naquele momento pela novidade do *cool jazz* lançado nos Estados Unidos em 1950 por Miles Davis (e que conciliava a forma nova, mais intimista, com a assimetria rítmica do *bebop* que a precedera), os jovens da então sofisticada Zona Sul carioca começaram a organizar o que chamavam de *samba-sessions*, tocando samba com o emprego do estilo improvisativo do *jazz* norte-americano. Essas experiências cristalizaram-se rapidamente em alguns exemplos bem-sucedidos do que se convencionou chamar, então, de "samba moderno", a exemplo do que aconteceria em 1951 com o samba "Rapaz de Bem", do pianista de casas noturnas de Copacabana Johnny Alf (por sinal só gravado pelo autor em 1955 na fábrica Copacabana, ainda em disco de 78 rotações).

O casamento das duas linguagens musicais do samba e do *jazz* só viria a efetivar-se, porém, em 1958, quando o violonista baiano João Gilberto criou o tipo de batida de violão à base de acordes compactos e desacentuações rítmicas que viria permitir, afinal, a procurada conciliação do gênero brasileiro com as harmonias da música norte-americana. Esse movimento foi denominado de bossa nova.

Esgotadas em pouco tempo as possibilidades de criação dentro da linha exageradamente intimista imposta por João Gilberto (que ficaria como o único e insuperado cultor de sua própria invenção), os componentes do movimento de bossa nova — com Carlinhos Lyra, ideologicamente influenciado por seu parceiro Nelson Lins e Barros, à frente — partiram para a tentativa de nacionalização do samba jazzificado (o que o próprio Carlos Lyra denunciava em sua composição "Influência do Jazz", de 1962), permitindo o aparecimento das tendências expressas pelos festivais de música popular brasileira da década de 1960. Desses diversos festivais sairiam, de fato, pelo menos dois nomes de jovens compositores responsáveis pela manutenção do prestígio do samba a nível de música de consumo dirigida ao gosto das mais amplas camadas de classe média: Chico Buarque de Holanda (em plano mais sofisticado) e Paulinho da Viola (em plano de maior identificação com as fontes populares).

Quanto aos compositores herdeiros do primitivo samba da Cidade Nova e do Estácio — isto é, os criadores do povo desde 1930 identificados com a vida nos morros cariocas e seus núcleos culturais locais, as escolas de samba —, continuaram a produzir seus sambas dentro da mesma linha à base de melodia ampla (às vezes romântica, como ocorre com Cartola e Nelson Cavaquinho, às vezes viva e irônica, como nos partidos-altos no estilo de Martinho da Vila) e da riqueza da percussão. E tudo isso, aliás, tendo já agora de competir — principalmente a partir da década de 1970 — com a contrafação comercial do chamado *sambão*, que nada mais representava que o uso da criação popular para fins de conquista do mercado do disco, dentro do processo de diluição de conteúdo musical e de redundância formal usado pela indústria do lazer com o objetivo puro e simples de ganhar dinheiro.

16.
BREVE HISTÓRIA DE UM GRANDE COMPOSITOR CHAMADO ISMAEL SILVA[24]

O bairro carioca do Estácio — muito mais do que o de Vila Isabel do famoso Noel Rosa — constituiu desde o fim da década de 1920, até inícios da Segunda Guerra Mundial, o maior reduto de sambistas do Rio de Janeiro. E dois fenômenos sociais decorrentes do deslocamento das camadas pobres da população do centro para o norte da cidade explicavam esse fato: a presença de gente modesta no vizinho morro de São Carlos (o primeiro do Rio a ser habitado), e a proximidade com a zona de prostituição no limite extremo de sua confluência com o Mangue.

Essa circunstância de geografia humana ia permitir o aparecimento, no largo do Estácio, de um tipo especial de frequentador de bares de vocação boêmia, que ali se reunia a partir da tarde para jogar cartas ou dados, tocar, cantar ou administrar seus interesses na área da prostituição.

Conhecidos como *bam-bam-bans* ou *bambas* — depois genericamente chamados de malandros —, esses personagens constituíam o produto natural de uma estrutura urbana cuja economia não se revelava capaz de absorver tal oferta de mão de obra. Sem condições de emprego condigno após a conquista de parcos rudimentos de cultura em três ou quatro anos de ensino primário, esses filhos de famílias humildes defrontavam-se com a alternativa do trabalho braçal (ainda investido do estigma da escravidão), ou o desempenho de serviços eventuais como os de

---

[24] Esboço biográfico resultado de conversas pessoais com Ismael Silva e contemporâneos a ele ligados, até aqui mantido inédito entre papéis do autor.

carpinteiro, lustrador de móveis etc. Ou ainda, finalmente, de atividades englobadas genericamente sob o título de "pequenos expedientes".

Pois foi por essa época que uma senhora fluminense, a viúva Emília Corrêa Chaves, chegou ao Rio vindo de Jurujuba, Niterói, com seus quatro filhos (dois meninos e duas meninas), para morar na rua de São Diniz, que levava ao morro de São Carlos partindo do largo do Estácio.

Entre esses filhos da viúva do cozinheiro de hospital Benjamim da Silva estava um menino de três anos de nome bíblico, o Ismael, nascido em Jurujuba em 14 de setembro de 1905. Era o franzino negrinho Ismael, destinado no futuro a inaugurar no Estácio um capítulo da história do samba carioca, não sem antes revelar ainda aos seis anos, quando levado a morar na rua do Bispo, no vizinho bairro do Rio Comprido, uma precoce vocação para o estudo.

Ao contrário dos outros filhos de gente pobre, cuja maior preocupação era ganhar a liberdade das ruas para soltar papagaios, o menino Ismael não via a hora de entrar para a escola. E era assim que às vezes, acompanhando a mãe lavadeira à casa de alguma freguesa a equilibrar a trouxa de roupa na cabeça, Ismael aproveitava para perguntar: "E aí, mamãe, quando é que a senhora vai me botar na escola?". Uma pergunta que tinha sempre a mesma resposta: "Qualquer dia, meu filho. Qualquer dia vamos lá...".

D. Emília não podia confessar que não tinha como matricular o filho na escola, embora já tivesse chegado aos 7 anos, pois era pequeno demais para poder ir e voltar para casa sozinho, e ela não tinha como interromper seu trabalho duas vezes ao dia para levá-lo e trazê-lo das aulas.

E foi assim que, como na rua do Bispo havia uma escola pública primária, o pequeno Ismael, tendo completado 8 anos, resolveu criar uma situação de fato para resolver o seu problema: um belo dia saiu de casa sem aviso, em direção à escola, e procurou pessoalmente a diretora para dizer que queria ser matriculado.

Impressionada com o fato — certamente inédito na história do ensino primário carioca —, a diretora D. Celuta mandou chamar imediatamente à diretoria a mãe do menino, D. Emília, e Ismael Silva saiu matriculado, por iniciativa própria, no primeiro ano do ensino municipal do Rio de Janeiro.

Por esse tempo, os alunos de escolas públicas não usavam uniforme, e cada um comparecia às aulas vestido e calçado como podia. Ismael ia de tamancos, mas não era isso que o fazia diferente da maioria dos colegas também sem dinheiro para comprar sapatos: o que o distinguia era a assiduidade e a vontade de estudar. E foi assim que, logo que começou a ler, o franzino filho de D. Emília descobriu que, se estudasse em casa as lições do dia seguinte, tornava-se capaz de responder tudo sempre antes dos outros. O resultado foi que, muito observado por D. Celuta — ainda impressionada com o episódio da matrícula —, Ismael acabou por conquistar o sentimento maternal da diretora, que passou a convocá-lo em particular na hora do lanche a participar da sua mesa.

Para um aluno pobre como o filho de D. Emília, a simpatia da diretora da escola valeu-lhe desde logo uma inesperada vantagem sobre os demais colegas: como no lanche de D. Celuta figuravam iguarias jamais sonhadas por qualquer um deles — coxinhas de galinha, bolinhos de camarão e, de sobremesa, até peras e maçãs argentinas embrulhadas em papel crespão —, ele contava sempre com a sua parte.

Em casa, no entanto, a situação era muito diferente, com a mãe precisando dividir a pobreza por toda a família, e, assim, D. Emília viu-se obrigada a deixar o Rio Comprido, e ir morar na rua Oriente, na parte do morro de Santa Teresa que levava ao Catumbi. Era uma boa distância, e como não havia dinheiro para pagar o bonde, lá passou Ismael a ter que levantar mais cedo para ir, *toc-toc*, percorrer uma longa caminhada a fim de não perder a aula na escola do Rio Comprido. Isso até que a família teve que mudar novamente, desta vez para a rua Miguelinho, já no bairro do Catumbi.

Breve história de um grande compositor chamado Ismael Silva 163

Foi no bairro do Catumbi que o modesto aluno da escola de D. Celuta (e depois do Seminário do Rio Comprido, onde também brilhou no catecismo) entrou pela primeira vez em contato com alegrias pagãs. E, por sinal, sem precisar afastar-se da igreja do Catumbi. É que o padre da paróquia, muito preocupado em levantar fundos através de eventos religiosos, costumava todos os anos promover quermesses que desandavam — tal como na festa da Penha — em verdadeiras feiras ao ar livre, com barraquinhas armadas para a venda de quitutes, leilões de prendas e rodas de danças. E era isso que ia permitir ao menino Ismael, a esta altura terminando seu curso primário, entrar na roda com algum companheiro bom de dança, já chamando a atenção para seus malabarismos. E, logo, passar dessas rodas de brincadeiras com a garotada da igreja para as rodas de samba com marmanjos no largo do Catumbi.

Ismael Silva, a essa altura com 14 ou 15 anos, deu esse passo com a elegância e a molemolência de um candidato a bom malandro. O que, aliás, era um requisito necessário, pois entre os bambas do Catumbi havia gente com nome feito naquele raiar de 1920, como Avelino, Norberto e o seu próprio irmão mais velho, Manuel, que nas rodas de samba atendia pelo nome de Baiano. Alcunha recebida no futebol, aliás, sem a menor correspondência com a sua verdadeira naturalidade fluminense, mas que quase chegou a conferir ao irmão mais novo Ismael o apelido inicial de Baianinho.

Integrado às rodas de sambistas do Catumbi, à época realizadas no próprio largo à base de surdo, pandeiro, agogô, cuíca, reco-reco, prato raspado com faca e tudo o que sugerisse ritmo, Ismael teve oportunidade então de ouvir, pela primeira vez, sambas já considerados famosos do Estácio, à qualidade dos quais estava em pouco tempo destinado a acrescentar o seu nome.

Antes disso, porém, o jovem Ismael, agora matriculado no Liceu de Artes e Ofícios, na avenida Rio Branco, próximo do Café Nice (fronteiro ao hoje edifício Marquês de Herval), já não dava para as encomendas, como então se dizia. Obrigado desde cedo pela mãe a acompanhar as irmãs aos bailes da vizinhança, Ismael tornara-se dançarino inveterado. E ainda no Rio Comprido, onde as irmãs faziam parte do rancho Quem Fala de Nós Tem Paixão, chegaram a pensar em entregar-lhe o posto de mestre-sala, o que não se tornou possível por uma circunstância constrangedora: Ismael vivia tendo que enfaixar as pernas por causa do aparecimento de umas feridinhas que não secavam.

Foi ao procurar conhecer a razão desse incômodo, ao fazer curativos no laboratório da Federação Espírita Brasileira, na avenida Passos, que o jovem Ismael ficou sabendo através de um médico recém-formado ser portador de sífilis, àquela altura já passível de cura com o emprego de uma nova injeção chamada *1914*.

Sempre cheio de iniciativa, Ismael fez D. Emília levá-lo à Santa Casa de Misericórdia do Rio, e o tratamento começou. Não, porém, sem alguns percalços. É que embora as injeções da *1914*, apesar de doloridas, dessem para aguentar, exigiam jejum, e Ismael saía direto da Santa Casa para o bar mais próximo e tomava duas médias de café com leite em seguida, acompanhadas do proverbial pão com manteiga.

Quando aos 16 anos Ismael teve que abandonar o curso no Liceu de Artes e Ofícios, no terceiro ano, para trabalhar no escritório de uma dupla de advogados na rua da Quitanda, seu nome não era mais o de um desconhecido nos redutos de sambistas. Ganhara fama de grande animador, e em qualquer lugar onde estivesse, se o samba estava esfriando, ele tomava o pandeiro e dava as ordens: "Vamos lá, pessoal! É no ritmo, todo mundo!". Começavam a desfilar os sambas e a roda pegava fogo.

Assim foi até que, por volta dos seus 17 anos, o antigo aluno da escola de D. Celuta e de catecismo do seminário do Rio Comprido, já fora das ordens de D. Emília, resolve deixar a rua Itapiru — onde o levara a mãe em sua peregrinação — para ir morar na rua do Estácio, número 29, próximo ao largo de mesmo nome.

Quando isso acontecia, em 1922, o bairro do Estácio, herdeiro das tradições do samba da Cidade Nova, se preparava para o reinado de um novo estilo de canto popular, que se estenderia até o advento de outro grupo de sambistas filhos da classe média surgido em Vila Isabel, liderado por um ex-aluno de medicina chamado Noel Rosa.

A grande figura do Estácio, quando Ismael Silva foi morar na casa de cômodos onde, mais tarde, se instalaria a famosa loja de tecidos Casa Miveste, era o mulato Edgar (Edgar Marcelino dos Passos, 1900-1931), o corpulento, sestroso e bem-humorado ajudante de caminhão entregador da Companhia de Cigarros Souza Cruz. Tão jeitoso quanto Edgar, Ismael Silva chegou de fininho, já trazendo um samba intitulado "Já Desisti", mas que no caso significava exatamente o contrário. Ismael vinha para vencer, e com o desaparecimento de Edgar do Estácio, o Mano Edgar (tal como ele frequentador do Bar Apolo, onde nasceu a ideia da criação da escola de samba Deixa Falar), ligou-se desde logo à dupla de irmãos que dominava o cenário sambista do bairro: os irmãos sapateiros Barcelos, o Mano Rubem (1904-1927) e Alcebíades Barcelos, o Bide (1902-1975).

Artesão sapateiro, tal como o irmão Alcebíades, o Bide (anos depois transformado em ritmista profissional contratado pela Rádio Nacional), Rubem Barcelos fazia sambas com grande facilidade e o maior desprendimento. Compunha pela alegria de compor e por espírito de competição, principalmente com Ismael Silva e seu parceiro Nilton Bastos (1899-1931).

Ismael travara amizade com Nilton Bastos (na imprensa aparecia Newton, mas Nilton era como assinava) logo que chegara de volta ao Estácio. Seis anos mais velho do que ele, Nilton trabalhava no Arsenal de Guerra e possuía um certo nome como jogador de futebol em time da segunda divisão, e da camaradagem entre ambos ia surgir uma das mais famosas duplas de compositores da história do samba carioca. A identidade de estilo entre Ismael Silva e Nilton Bastos era tamanha que os sambas da dupla transpiravam unidade, tivesse ideia melódica ou letra partido de um ou de outro. Essa unidade, que seria complementada pelo acordo entre ambos, segundo o qual, fosse a participação de um ou de outro em suas criações, a assinatura seria sempre Ismael Silva e Nilton Bastos, criou para a música popular o mais impenetrável caso de determinação de autoria. Como ia acontecer com o "Se Você Jurar", considerado um clássico entre os sambas de Ismael Silva, mas que o compositor Orestes Barbosa e os cantores intérpretes de várias composições da dupla afirmavam ser apenas de Nilton Bastos.

Estabelecida a disputa entre Rubem Barcelos e Ismael, iniciou-se a série dos grandes sambas do Estácio. Bastava Ismael comparecer com uma nova composição que Rubem lançava outra. E foi assim que, quando Rubem morreu em 1927, Ismael Silva passou a figurar sozinho como o maior compositor do Estácio, pairando com seu parceiro Nilton Bastos sobre um grupo de sambistas que incluía já agora, além de Bide, irmão do falecido Rubem, Aurélio Gomes, seu parceiro Osvaldo Vasques, o Baiaco (dados como autores do antológico "Arrasta a Sandália", que se dizia não ser de um nem de outro), Geraldo Cara de Cão, Brancura, Francelino e Tibério, entre os principais.

Assim transformado em principal figura da roda de sambistas do Estácio, só faltava a Ismael ser conhecido pelos profissionais do emergente meio do disco. E foi o que aconteceu.

A estreia de Ismael como compositor popular gravado em disco deveu-se a um acontecimento fortuito, que antecipou em dois anos sua estreia como autor de canções em parceria com outros. Deu-se em 1926, quando um dos frequentadores d ı roda de sambistas do Estácio, o pianista de gafieira conhecido por Orlando Cebolinha, ouvindo Ismael cantar seu samba "Me Faz Carinhos", entusiasmou-se com a melodia, e pediu permissão para gravá-la na pioneira gravadora brasileira Casa Edison em solo instrumental.

Isso acontecia, por sinal, numa época em que Ismael Silva voltava a enfrentar o mesmo problema dos tempos de garoto. Feridas voltavam a aparecer em seu corpo da cintura para baixo, tornando necessária a sua internação em hospital para um tratamento de três meses. E assim, com Ismael fora de circulação, ape-

Breve história de um grande compositor chamado Ismael Silva

nas o disco de Cebolinha lembrava sua existência, mas foi também o quanto bastou. Um cantor que iniciava então sua carreira em discos gravados para a Odeon, depois de quase dez anos de peregrinação por palcos de circos de cavalinhos, ouviu a gravação do "Me Faz Carinhos" e gostou. Como o cantor conhecia Alcebíades Barcelos (de quem compraria o samba "Malandragem"), que sabia ser amigo de Ismael, pediu-lhe que procurasse o compositor do "Me Faz Carinhos" e lhe oferecesse cem mil réis pela gravação da música em seu nome. O cantor era Francisco Alves, que ao tempo usava o nome de Chico Viola.

Ismael Silva estava deitado em sua cama na enfermaria coletiva do Hospital da Gamboa quando Alcebíades Barcelos chegou com a notícia: "Ismael, o Chico Viola mandou dizer a você que dá cem mil réis pelo 'Me Faz Carinhos' se você quiser vender pra ele". Ismael sentou na cama: cem mil réis pelo samba? Não dava para acreditar.

O espanto do compositor se justificava. Ismael não havia pensado até aquele momento que samba fosse uma coisa que alguém quisesse comprar. Como compositor típico das novas camadas urbanas que surgiam nos grandes centros, não conseguia perceber o fenômeno que estava nascendo: o da comercialização de um novo produto chamado de música popular. As fábricas gravadoras pagavam cantores para o registro de suas interpretações de músicas em discos, mas pagavam também aos compositores uma certa importância pelo direito de reprodução do seu resultado sonoro. Era isso o que explicava o interesse de Francisco Alves pela compra da música sem qualquer reivindicação de direitos por sua posterior reprodução continuada em discos.

O dia da venda dos direitos autorais do samba foi o mais alegre de Ismael Silva naquela temporadas triste de tratamento como interno do Hospital da Gamboa: "Manda os cem mangos pra cá, Bide, antes que ele se arrependa".

Alcebíades Barcelos trazia em mãos não apenas o dinheiro, mas o recibo prontinho, com espaço em branco apenas para o vendedor assinar. E Ismael assinou então, caprichando na letra, o documento que estabelecia sua primeira ligação com o cantor para cuja glória logo colaboraria em grande parte, e que tantas oportunidades teria ainda de passá-lo para trás.

Os cem mil réis da venda do samba "Me Faz Carinhos" funcionaram como um bálsamo para as feridas de Ismael. É que desde alguns anos o filho de D. Emília desistira de enfrentar o *batdoor*, como se dizia naquele tempo. Ao deixar o escritório da rua da Quitanda, por volta de 1923, ainda tentou um emprego na Central do Brasil, mas o trabalho era duro demais para o seu físico. Tinha que lavar trens de manhã até a noite em troca de um salário que, bem ou mal, ele podia facilmente conseguir, se quisesse, depenando otários com um baralho na mão ou no jogo de chapinha. O jogo de chapinha era aquele em que o banqueiro — se assim se podia chamar — levantava e abaixava com movimentos rápidos dos dedos três ou quatro tampinhas de cerveja sobre um papelão ou um jornal dobrado na mão, fazendo correr entre elas uma bolinha de miolo de pão. O dono do jogo ia cobrindo então alternadamente a bolinha sob esta ou aquela tampinha, enquanto falava sem parar com os olhos voltados de preferência na direção dos trouxas escolhidos para vítimas: "Vamos lá... vinte mil réis. O senhor aí: nesta não está. Está nesta? Foi aí que eu enganei o senhor, hein? Quer apostar?".

Geralmente era o bobo mais atento ao rápido deslocamento da bolinha quem caía na conversa do jogador. Ele tinha visto com os olhos que a terra havia de comer a tampinha sob a qual se escondera a bolinha na última movimentação dos dedos. Não podia haver truques. E então o apostador esticava o braço e, com a ponta do dedo, indicava: "É nesta!".

Era aí que o jogador fixava os olhos no apostador e pedia para ver o dinheiro da aposta. E quando este abaixava a cabeça para tirar o dinheiro do bolso, ou a tampinha mudava repentinamente de lugar ou a bolinha já havia sumido debaixo da unha do malandro: "É nesta? Não está! O senhor perdeu, cavalheiro".

O ponto preferido dos jogadores de chapinha era o alto do Corcovado, à sombra do Cristo Redentor. Era lá que se concentravam os animados turistas e os capiaus vindos do interior dos estados, como que pedindo para serem depenados. Ismael Silva, vestido impecavelmente de terno e sapatos brancos, chapéu Mangueira de copa quebrada, passou a fazer ponto ali.

Elevado a uma posição de prestígio entre o pessoal do samba do Estácio, Ismael Silva passou a figura de destaque em todas as batalhas de confete promovidas no bairro desde dezembro até o Carnaval, aparecendo à sua frente inclusive nas incursões do grupo à praça Onze ou à rua D. Zulmira, em Vila Isabel.

Por esse fim da década de 1920, a expansão da cidade na direção norte, iniciada no Rio meio século antes, começava a criar o curioso fenômeno do bairrismo, representado pela rivalidade entre blocos e cordões de diferentes procedências durante o Carnaval. A partir de 31 de dezembro, era muito comum o que se chamava de batalhas de confete transformarem-se na realidade em batalhas campais, onde não eram raras as baixas de foliões por ferimentos graves e até mesmo por morte.

Os sambistas do tempo chamavam seus redutos locais de grupamentos, mas que em verdade não obedeciam a nenhum sentido de organização. Ao contrário dos ranchos, que já dispunham de certa tradição, os blocos e cordões criados à volta dos grupamentos formavam-se sempre de forma improvisada, às vésperas do Carnaval. Bastava ser morador da vizinhança para sair representando o bairro, e era nessa condição precária e anárquica que o Estácio se fazia representar no Carnaval da praça Onze, ao lado de outros conhecidos redutos de sambistas como Mangueira, Salgueiro e Piedade.

Foi uma tentativa de sobrepor o Estácio a esse Carnaval caótico que, em fins de 1928, os sambistas mais destacados do Estácio, em meio a uma conversa de bar, vislumbraram a ideia de criar no bairro uma organização carnavalesca de novo estilo. Dessa conversa — Ismael Silva presente — nasceu a ideia do que viria a constituir a primeira escola de samba.

Tudo aconteceu no dia 12 de agosto de 1928, quando se encontravam reunidos no Bar Apolo Ismael Silva, Nilton Bastos,

Alcebíades Barcelos, o Bide, seu irmão Rubem Barcelos, Geraldo Cara de Cão (figura de relevo no grupo, ao lado de Ismael), Juvenal Lopes, o Nanau, os malandros valentes Brancua e Osvaldo Silva, o Baiaco (que logo seria escolhido presidente da nova agremiação), Francelino, Tibério, Doca, Ernani, Nô e outros. E foi quando começou a discussão em torno da ideia.

Um lembrou que o grupamento podia sair com um abre-alas caprichado, como os das grandes sociedades, que exibiam comissão de frente bem-vestida abrindo o desfile montada a cavalo e ao som de fanfarra. Outro, mais previdente, sugeriu que seria bom começar logo cobrando uma mensalidade de cinco mil réis de todos os associados, porque a organização ia ter despesas e muita gente não teria dinheiro para mandar fazer as fantasias. Outro iria ainda mais além ponderando que, para sair coisa que prestasse, seria necessária uma sede para a realização dos ensaios. Problema aliás logo resolvido pelo condutor da Light dono de uma casa de cômodos — no antigo número 29 da rua do Estácio — ao oferecer seu sobrado para as reuniões.

Faltava, porém, a escolha de um nome para a agremiação. Naquele tempo a rivalidade entre os bairros sugeria invariavelmente a ranchos e blocos a adoção de nomes ironizando os rivais, que respondiam aliás no mesmo tom: Macaco É Outro, De Língua Não Se Vence, Invencíveis do Catumbi, Respeita as Caras, e por aí vai.

Os sambistas do Estácio sabiam ser muito visados em razão da sua fama desde o início da década de 1920: todos falavam do Estácio, e geralmente falavam mal. E foi daí que surgiu a ideia do nome para o novo grupamento carnavalesco que nascia: Deixa Falar.

Acertado o nome, faltava porém ainda resolver outro ponto importante: que tipo novo de agremiação carnavalesca afinal se estava criando?

As reuniões no Café do Compadre e no Bar Apolo se repetiam madrugada adentro: o que seria a nova agremiação? Um rancho? Não. Os ranchos eram lentos, processionais, não tinham

Breve história de um grande compositor chamado Ismael Silva   171 a vivacidade que o ritmo percussivo do samba pedia. Um bloco? Não. Um bloco anárquico era exatamente o que o pessoal do Estácio queria evitar. Um cordão? Não. Um cordão nada mais era do que um bloco em ponto grande e ainda mais desorganizado. O que poderia ser, então, o Deixa Falar?

No largo do Estácio, bem no início da então rua de São Cristovão, fora construída no início do século XX uma escola-modelo chamada Estácio de Sá, depois transformada em escola pública com o nome de Escola José Freire Varela. Nessa escola, logo elevada a Escola Normal, as primeiras professoras públicas primárias do Rio foram aprender a sua especialização criando para o bairro um novo motivo de vaidade: era ali que se formavam professores.

Como não podia deixar de ser, esse motivo de orgulho ia ser logo aproveitado como tema pelos sambistas do Estácio e, já por volta de 1922, inspiraria uma quadrinha que cantava:

> Não quero teima,
> não vale a pena teimá.
> Não há escola de samba
> como a Estácio de Sá.

Essa conclusão de que era no Estácio que se formavam professores pairava de forma, por assim dizer, imanente na consciência de todos os pioneiros fundadores da Deixa Falar. Assim, não foi surpresa quando algum dos sambistas presentes às reuniões do Bar Apolo sugeriu o nome por extenso: Escola de Samba Deixa Falar. Um nome, aliás, que consagrava a sempre almejada intenção de despique em relação aos rivais, e ainda ratificava a ideia de que em matéria de samba a escola estava mesmo no Estácio.

A primeira apresentação da Escola de Samba Deixa Falar, no Carnaval de 1929, mostrou a todos os grupamentos de sambistas que alguma coisa de novo havia surgido no Estácio. Os fundadores da nova agremiação haviam conseguido até cavalos

172   Música popular: na prática um fato social

da Polícia Militar para abrir o seu desfile, o que conferia a gente das camadas mais humildes da cidade um sentido de importância do seu Carnaval, jamais imaginado por quem se havia acostumado a sair para a rua sempre sob a perspectiva de ter que correr da polícia.

Durante o ano de 1929 houve uma inesperada movimentação nos arraiais carnavalescos dos bairros considerados mais fortes em matéria de samba. E foi assim que quando a Deixa Falar — agora com sede num sobrado da rua Haddock Lobo — voltou a desfilar, encontrou na praça Onze uma dezena de "escolas de samba", entre as quais a Fiquei Firme, a Cada Ano Sai Melhor, do vizinho morro de São Carlos, a Estação Primeira de Mangueira, a Vai Como Pode, da Portela, a Para O Ano Sai Melhor e União do Estácio, do mesmo bairro e, finalmente, a Vizinha Faladeira, da realmente vizinha praça Onze.

Ismael Silva, cujo espírito de liderança contribuíra em grande parte para a criação da Escola de Samba Deixa Falar, já se considerava então um compositor profissional. Nas poucas vezes em que saiu na Deixa Falar — que desapareceria três anos depois —, a escola quase não cantou sambas de sua autoria. Ismael já se preocupava a esta altura em criar temas destinados a lisonjear o gosto dos compradores de discos, e as músicas dos sambas da escola possuíam linguagem própria, muitas vezes referindo-se apenas às suas qualidades ou perpetrando ironias com endereço certo, para irritar os rivais.

Um dos fundadores da primeira escola de samba carioca, Ismael Silva jamais sairia entre os seus componentes. Quando a Deixa Falar saía, Ismael caminhava ao seu lado, seguindo-a pela calçada para poder, de quando em vez, entrar livremente num bar e tomar sua cerveja, apressando o passo depois para alcançá-la mais adiante.

Popular em seu bairro como sambista, Ismael Silva, apesar de seu "Me Faz Carinhos" já estar tocando no rádio, não tivera ainda a oportunidade de conhecer o cantor Francisco Alves pessoalmente, o que só aconteceria em 1928, dando início a uma parceria destinada a lançá-lo como profissional dos meios do disco e do rádio.

A despeito do relativo sucesso do samba inicialmente comprado de Ismael, Francisco Alves não havia atribuído maiores qualidades ao sambista do Estácio. De repente, porém, começaram a ser tantos os sambas de Ismael que ouvia e gostava, que o sentido comercial de Chico despertou: "Esse é bom. De quem é?". "É do Ismael. Do Ismael Silva do Estácio." "Ele tem outros?" O pombo-correio do cantor então desfiava o repertório dos sambas de Ismael, até Chico Viola concluir: "O camarada é bom. Mas como é que ninguém me apresenta a ele?".

Após uma primeira apresentação, apenas formal, foi o próprio cantor quem resolveu ir pessoalmente procurar Ismael Silva no Estácio. Já era noite quando parou um carro conversível na porta do Bar Apolo, esquina da rua Pereira Franco. Ismael estava sentado junto à porta dos fundos com alguns companheiros quando ouviu uma voz chamar de fora: "Ismael! Ismael!". Era Francisco Alves, o violão pousado no assento traseiro, que o chamava acenando com o braço para fora do carro.

Ismael levantou-se — a fama de Chico Viola por aquele tempo explicava a deferência — e caminhou acompanhado de todo o grupo até a calçada, onde o cantor o aguardava sem sair do automóvel estacionado ao lado de um poste de iluminação. E começou o diálogo: "Ismael, é o seguinte: tenho ouvido por aí umas coisas de você, e me disseram que ainda existem outras...".

Ante a confirmação de Ismael, o cantor pediu um momento, desvestiu o violão e, de pé no interior do conversível, com o sapatão do pé direito em cima do assento estofado, começou o acompanhamento da primeira composição mostrada:

> Não é isso que eu procuro,
> você não me dá futuro,
> me deixa em paz...

Os vizinhos das proximidades começaram a abrir as janelas. É que na repetição do estribilho eles tiveram a impressão de estar ouvindo uma voz conhecida: "Ué, parece o Chico Viola!".

E era, com os companheiros de Ismael ainda ajudando no coro e marcando o ritmo no tampo do capô do automóvel. A noite avançava e Francisco Alves, impressionado com a qualidade da enfiada de sambas que ouvia, mas procurando sempre disfarçar seu entusiasmo, pôde enfim reensacar o violão e chamar Ismael de lado para dizer, muito em particular: "Ismael, entra aqui. Vamos dar uma volta que eu preciso conversar um negócio com você".

Retirados todos com os seus "boa-noite, boa-noite", Ismael tomou lugar ao lado do cantor, e o automóvel partiu em direção à cidade. E então Francisco Alves começou a falar: "O negócio é o seguinte, Ismael. Eu podia gravar essas músicas todas se a gente se acertasse. A gente botava seu nome e o meu. E tudo o que eu fizesse também levava o seu nome. Que tal?".

O conversível rodava devagar: Francisco Alves não tinha pressa. E enquanto ele falava, Ismael, calado, começava a pensar que, fosse como fosse, não era possível deixar o seu parceiro Nilton Bastos de fora. E, então, falou: "Chico... sua proposta é interessante, mas acontece que você chegou justamente na hora em que eu já estava com planos de apresentar junto com o Nilton as nossas músicas às gravadoras...".

Sem perceber que, àquela altura, Chico Alves aceitaria qualquer coisa, Ismael só estava querendo dizer que, sem a inclusão do parceiro Nilton Bastos no trato, não haveria negócio.

Afinal, não houve problema, ficando estabelecido desde logo que Nilton Bastos seria o terceiro parceiro do acordo de autoria comum destinado a começar a funcionar regularmente a partir de 1931. Não sem antes, porém, Francisco Alves ainda conseguir gravar com seu nome o samba "Amor de Malandro", no qual Ismael não fizera muita fé ao vendê-lo ao cantor por cem mil réis. E que, no entanto, se revelaria um dos maiores sucessos do Carnaval de 1930, ao lado da marcha "Dá Nela", de Ary Barroso, e da batucada "Na Pavuna", de Almirante e Homero Dornelas, um maestro que costumava ocultar-se sob o pseudônimo de Candoca da Anunciação.

Vieram, então, os grandes dias do compositor do Estácio. Atraído pelo sucesso de Francisco Alves como intérprete de Ismael, o cantor Mário Reis — que acabava de ser lançado em disco pelo famoso Sinhô — grava em 1929 com sua voz amaneirada o dorido samba "Novo Amor":

> Arranjaste um novo amor,
> meu bem,
> eu sou um infeliz,
> bem sei,
> mas ainda tenho fé
> que hei de te ver chorar
> quando souberes
> amar como eu te amei.

Com o início da tríplice parceria Francisco Alves, Ismael Silva e Nilton Bastos, nada menos de meia centena de sambas e marchas foram lançados de 1931 a 1934 nas vozes ora de Francisco Alves, ora de Mário Reis, ora nas interpretações de ambos, contando quase sempre com a presença de Ismael Silva no coro nas gravações dos discos Odeon da série 10.000, que levavam no selo a indicação "Orquestra Copacabana".

Em impressionante sucessão de criações — sozinho, ou em 18 das músicas com Nilton Bastos, e mais 11 em parceria com Noel Rosa —, o filho de D. Emília, de Jurujuba, fez os cariocas cantarem por quatro anos seguidos os melhores sambas (e às vezes marchas) já produzidos em uma única geração de compositores populares brasileiros.

Terá sido, pois, o deslumbramento pessoal ante tanto sucesso o que levou então, pelo despontar de 1935, o sempre maneiroso Ismael a um ato impulsivo destinado a interromper-lhe a carreira: o envolvimento pessoal num caso de polícia.

Embora a natural reserva do compositor jamais tenha permitido conhecer toda a verdade, tudo se prenderia a um episódio passional, para explicação do qual ficariam duas versões: Ismael teria ferido à bala num desforço de rua alguém que atentara sexualmente contra uma de suas irmãs, ou, ao contrário, teria ele próprio atentado contra alguém que o acusava de lhe ter assediado uma irmã.

A certeza, porém, de que algo de fundo passional de fato aconteceu envolvendo a figura do compositor do Estácio (que, por sinal jamais se casou, e sobre quem sempre correram rumores de atração por rapazes) ficaria comprovada na condenação de Ismael pela Justiça a três anos de recolhimento na Casa de Detenção do Rio de Janeiro. Onde, aliás, chegaria a ser entrevistado em março de 1936 pela revista *Carioca*, figurando como um dos personagens da reportagem "As alegrias dos condenados".

Quando Ismael Silva recobrou a liberdade em 1937, após quase dois anos de recolhimento, compreendeu que não poderia mais contar com Francisco Alves, o seu parceiro de mentira. O cantor dera certamente por terminado seu compromisso com Ismael, e tinha agora à sua disposição compositores como Ary Barroso, Orestes Barbosa e Lamartine Babo, todos integrantes da nova geração do disco e do rádio. Ismael rompeu então ostensivamente com o cantor (que jamais voltaria a gravar uma música sua), sem no entanto chegar a qualquer confronto pessoal, como por exemplo acontecera no caso do compositor ex-*boxeur* Kid Pepe, que enchera de socos o cantor Sílvio Caldas no interior da Rádio Nacional. Mais moderado, Ismel Silva ia limitar-se, cinco anos depois, a um desforço estritamente moral: ao defrontar-se com Francisco Alves na porta do famoso Café Nice, da avenida Rio Branco, desabafou: "Chico, você de aproveitável só tem a voz, que eu considero um brilhante no meio do excremento".

Cortada no auge, a carreira de Ismael ia entrar a declinar de maneira impressionante: seu primeiro e mais constante parceiro Nilton Bastos tinha morrido em 1932, e o segundo, Noel Rosa, definhava na tuberculose às vésperas da morte, naquele mesmo ano de 1937. Desde sua saída da prisão em 1937 até 1973, Ismael Silva assinaria episodicamente apenas 26 músicas, sendo que em 26 desses anos seu nome nem sequer apareceria: como entre 1937 e 1938, em 1941, entre 1944 e 1945, entre 1947 e 1949, em 1952, entre 1955 e 1956, e de 1958 a 1972.

O auge criativo de Ismael Silva, de fato, tinha passado, mas não ainda sem a produção de um clássico: o samba "Antonico", gravado pelo cantor Gilberto Alves em 1950, em que o compositor como que retratava sua desgraça num pedido de socorro:

> Ô Antonico,
> eu vou lhe pedir um favor
> que só depende da sua boa vontade,
> é necessário uma viração pro Nestor,
> que está vivendo em grande dificuldade;
> ele está mesmo dançando na corda bamba,
> ele é aquele que na escola de samba
> toca cuíca, toca surdo e tamborim,
> faça por ele como se fosse por mim.
>
> Até moamba já fizeram pro rapaz,
> porque no samba ninguém faz o que ele faz;
> mas hei de vê-lo muito bem, se Deus quiser,
> e agradeço pelo que você fizer.

Por essa quadra difícil da vida e da carreira, Ismael Silva veio a reencontrar o respeitado jornalista Prudente de Morais Neto, que conhecera em 1933 na casa de música Ao Pinguim. O gerente da casa, seu Oscar, sabia que o neto do Presidente da República comprava todos os discos de Ismael, e fez a apresentação: "Doutor Prudente, este é o Ismael Silva".

O conhecimento ficou por aí, mas, dez anos depois, Prudente de Morais — que no jornalismo se assinava Pedro Dantas — estava no Bar da Brahma da antiga Galeria Cruzeiro (hoje Edifício Central) quando reconheceu Ismael, e voltaram a conversar.

O Dr. Prudente resolveu então ser o Antonico do compositor, e levou Ismael ao escritor Aníbal Machado, que era distribuidor de uma das Varas de Justiça cariocas, na rua D. Manuel. A intenção era conseguir do amigo um lugar para o compositor em uma das Varas por considerar, ante o talento de Ismael, ser isso uma obra de toda a justiça.

A amizade com Aníbal Machado abriu para o compositor as portas da casa do escritor, nº 487 da rua Visconde de Pirajá, famosa pelas suas tertúlias de fim de semana frequentadas não apenas por intelectuais, mas personalidades estrangeiras de passagem pelo Rio.

Transformado em *habitué* das reuniões na casa de Aníbal, foi aí que Ismael Silva teve a oportunidade de conhecer o poderoso poeta-empresário Augusto Frederico Schmidt, que, com o estímulo do Dr. Prudente, talvez lhe pudesse conseguir alguma "viração".

O pedido de emprego chegou a ser feito e bem recebido, mas a vaga oferecida pelo empresário implicava algo constrangedor para Ismael: obrigava seu comparecimento ao serviço, e a necessidade de trabalhar. Assim, pela segunda vez em trinta anos, o compositor viu-se na contingência de renunciar à tentativa de integração à vida prática que lhe era oferecida, o que seria interpretado sob uma rasteira visão burguesa por Augusto Frederico Schmidt ao declarar ao amigo Pedro Dantas: "Prudente, desculpa, mas cheguei à conclusão que esse teu protegido Ismael não quer é trabalhar".

Com o passar do tempo, apagada a memória desses pequenos contratempos pessoais, Ismael Silva foi assumindo a figura de um senhor respeitável e dono de um certo encanto que lhe garantia a simpatia geral. Entre esses seus simpatizantes estava uma dupla de irmãos fotógrafos de publicidade, os gêmeos José e Humberto Franceschi, que no entusiasmo do seu conhecimento tiveram a ideia de sugerir ao empresário artístico Zilco Ribeiro o relançamento em grande estilo do "famoso compositor". O resultado foi a criação do show *O Samba Nasce no Coração*, que em 1954 explorava a novidade da instalação na boite Casablanca de tal tipo de espetáculo, inesperado para aquele retirado balneário fronteiro ao mar do pacato bairro da Praia Vermelha, na Zona Sul carioca.

A presença no show do próprio Ismael Silva, então para muitos já imaginado apenas como personagem mitológico da música popular, deu ao velho compositor do Estácio a oportunidade de voltar a gravar seus antigos sucessos, o que fez desde logo no LP de dez polegadas da gravadora Sinter *O Samba na Voz do Sambista*. A que logo se seguiria, em 1958, já agora sob o selo Mocambo, um segundo LP, sob o título talvez refinadamente malicioso de *Ismael Canta... Ismael*.

Com o fim do show no Casablanca e suas duas experiências em *long-playings* — produzidos já com caráter de documentários —, Ismael Silva, ultrapassado como criador espontâneo pelo mecanismo profissional das rádios e gravadoras, agora funcionando dentro do sistema de ditadura da divulgação, começou a aparecer em público apenas episodicamente. Em 1960, por exemplo, teve um desses momentos de popularidade ao ser eleito Cidadão Samba por 287.280 votos contra 57.027 dados ao segundo colocado em concurso municipal com apoio do *Jornal do Brasil*, matutino que iniciava então um ciclo de grande popularidade.

É verdade que dois anos antes, em 1958, o velho Ismael recebera a honra de ocupar a cadeira número 7 de uma recém-criada Academia Brasileira de Música Popular, mas já apenas cultuado como glória do passado, tal como costumava a acontecer quando jornalistas o procuravam, sempre às vésperas do Carnaval, para o registro de queixas pessoais logo traduzidas nos próprios títulos do noticiário: "Ismael Silva triste e conformado" (*Última Hora*, Rio, 15/1/1958); "Ismael saudosista" (*Correio da Manhã*, Rio, 11/1/1959).

Assim continuaria até 1963, quando o colunista Sérgio Cabral anunciou promissoramente em sua seção "Música Naquela Base", do jornal carioca *Tribuna da Imprensa*: "Vinicius e Ismael vão compor juntos".

O que poderia ter sido, porém, uma inesperada notícia boa, constituiu na realidade uma vazia ilusão. Vinicius de Morais, que pelos anos 1930 começara a carreira tentando compor *fox-trots*, preparava-se na verdade agora para aderir à sonoridade igualmente norte-americana da bossa nova, e não se arriscar a aventuras com o samba tradicional de Ismael.

Por essa mesma época — tal como já acontecera em 1926 quando precisou ser internado no Hospital da Gamboa —, Ismael teve ainda uma vez que sair de circulação por motivo de saúde: o aparecimento de uma ferida na altura do tornozelo de um dos pés, que o impedia de calçar sapato e às vezes mesmo de andar. Recuperado de qualquer forma em 1964 "por um médico alemão" — após a intervenção salvadora de um casal de amigos formado por uma moça de nome Dorli e pelo depois conhecido letrista e ativista cultural Hermínio Bello de Carvalho —, ia ainda uma vez voltar ao noticiário com uma entrevista ao *Jornal do Brasil* sob o título "Ismael volta a gravar".

A promessa de devolver o compositor à glória das gravações em disco não chegou desta vez a converter-se em verdade a um único LP, e Ismael Silva teve que contentar-se com o lançamento de músicas suas em uma ou outra faixa deste ou daquele cantor ou orquestra.

Para a vida artística propriamente dita, Ismael só ia ressurgir efetivamente em meados de 1964, quando um grupo de empresários entusiastas de projetos político-sociais alinhados com o pensamento de esquerda, resolveu criar um restaurante de clima popular destinado a um público de classe média interessado idealmente numa comunhão com "o povo". O restaurante, instalado em um velho sobrado da rua da Carioca, no centro do Rio, recebeu o nome de Zicartola, que desde logo indicava a intenção de exploração de um certo clima de "cor local": o Zi era de Zica, a emérita cozinheira companheira do famoso sambista da Mangueira Cartola, que assim emprestava seu renome de compositor à experiência político-cultural-gastronômica da jovem pequena burguesia carioca.

Breve história de um grande compositor chamado Ismael Silva

O papel de Ismael Silva, na prática desse projeto, seria o de ajuntar a música de seu nome de sambista aos de outros compositores das camadas populares convocados para o evento, como seriam os casos de Nelson Cavaquinho, Silas de Oliveira, da escola de samba Império Serrano, Padeirinho, da Mangueira, e o esperto Zé Keti que, bom malandro, apresentava-se politicamente com as cores de um camaleão.

Em maio desse ano de 1964, no auge da promoção publicitária do Zicartola, quando o fenômeno novo da curiosidade da gente da classe média da Zona Sul da cidade pelo "povo" se acentuava, Ismael Silva ia receber sob aplausos dos jovens frequentadores da casa a primeira Cartola de Ouro, honraria criada como uma espécie de Oscar dos pobres para distinguir figuras de relevo do samba carioca.

Não se haviam passado mais de seis meses dessa festa, porém, para Ismael voltar ao noticiário dos jornais, em janeiro de 1965, mas agora para tornar pública sua disputa com os responsáveis pelos shows do restaurante: "Ismael Silva rompe com o Zicartola e pede seu dinheiro". Segundo a notícia sobre o caso no jornal *Diário Carioca*, a razão era simples: além de dar "canja", cantando todas as noites, Ismael Silva passara a não receber sequer o dinheiro da condução que Cartola se comprometera a lhe pagar.

Às vésperas dos seus 60 anos, o grande compositor da fase pioneira do samba do Estácio voltava praticamente ao anonimato. Sempre bem-vestido, mas enxugando constantemente as mãos por força de uma disfunção do vagossimpático, Ismael Silva voltava a cantar apenas em festinhas de famílias burguesas, para as quais só lhe era dado chegar e sair — como então se dizia para significar o máximo de modéstia — com "a viola no saco".

Isso tudo, porém, sempre revestido de grande dignidade e fidelidade às duas coisas que Ismael mais cuidara em respeitar em toda a sua vida: o amor pelo samba, e o desamor por toda a espécie de trabalho que não fosse compor e interpretar suas músicas ao violão.

Coerência de toda uma vida destinada a garantir-lhe, afinal, em 1970, uma última homenagem pública na boate Jogral, em São Paulo, quando recebeu a medalha da Ordem do Jogral no grau de "Grande Sambista".

Durante o show de entrega da honraria ao "grande sambista", Ismael Silva aproveitou para queixar-se de que, no Rio de Janeiro, a Secretaria de Turismo já não se lembrava dele sequer para lhe oferecer um convite para os eventos do Carnaval. E quando deixou o palco ostentando sua medalha de "grande sambista" (no valor de 50 cruzeiros novos da época), bastaram quinze minutos para Ismael encontrar-se sozinho na rua à espera de um táxi que o levasse de volta ao hotel. Era a volta do compositor a um anonimato tão bem representado na curiosidade das meninas que ofereciam flores aos clientes do Jogral, ao quererem saber do porteiro "quem era aquele moço preto todo vestido de branco que acabava de sair".

E foi assim que ainda viveu o compositor Ismael Silva até 1978, quando morreu no Rio aos 73 anos.

SOBRE O AUTOR

José Ramos Tinhorão nasceu em 1928 em Santos, São Paulo, mas criou-se no bairro de Botafogo, no Rio de Janeiro, onde teve suas primeiras impressões de coisas populares assistindo a rodas de pernada e sambas de improviso, na esquina da rua São Clemente com a Praia de Botafogo, em frente ao Bar Sport Carioca.

Da primeira turma de Jornalismo do país, já colaborava no primeiro ano com a *Revista da Semana*, do Rio de Janeiro, e a *Revista Guaíra*, do Paraná, entre outros veículos, até ingressar no *Diário Carioca* em 1953, ano de sua formatura, onde permanece até 1958.

De 1958 a 1963 escreve para o *Jornal do Brasil*, começando em 1961 as famosas "Primeiras Lições de Samba". Na década de 1960, Tinhorão passa pela televisão — Excelsior (despedido em 1º de abril de 1964, quando da tomada do poder pelos militares no Brasil), TV Rio e Globo (quando a programação era local) — e pela Rádio Nacional, antes de mudar-se, em maio de 1968, para a cidade de São Paulo. Em 1966, estreia em livro com duas obras: *Música popular: um tema em debate* e *A província e o naturalismo*.

Morando em São Paulo, Tinhorão escreve para a revista *Veja* até 1973, passando então para a revista *Nova*, e em 1975, já como autônomo, envia da sucursal paulista suas duas colunas semanais para o *Jornal do Brasil*. Tais colunas, que durarão até 1981, granjearam ao pesquisador a pecha de "temido crítico musical".

Em 1980 Tinhorão vai a Portugal investigar a presença dos negros na metrópole. Desde então, seus livros passam a ser publicados também nesse país. Em 1999, prosseguindo em sua pesquisa de jornais carnavalescos no Brasil, solicita pela primeira vez em sua carreira uma bolsa: para o mestrado em História Social na Universidade de São Paulo. A tese dá origem ao livro *Imprensa carnavalesca no Brasil: um panorama da linguagem cômica*.

Grande pesquisador de sebos no Brasil e alfarrabistas em Lisboa, Porto e Braga, o autor reuniu importante coleção de discos, partituras, periódicos, livros e imagens sobre a cultura brasileira, cujo acervo passou, em 2000, ao Instituto Moreira Salles, de São Paulo. Criado em 2001, o Acervo Tinhorão se encontra atualmente disponível a pesquisadores e interessados.

OBRAS DO AUTOR

Música popular: um tema em debate. Rio de Janeiro: Saga, 1966; 2ª ed., Rio de Janeiro: JCM, 1969; 3ª ed., São Paulo: Editora 34, 1997; 1ª reimpressão, 1998; 2ª reimpr., 1999; 3ª reimpr., 2002; 4ª reimpr., 2003; 4ª ed., revista e aumentada, 2012.

A província e o naturalismo. Rio de Janeiro: Civilização Brasileira, 1966; 2ª ed. fac-similar, Fortaleza: NUDOC-UFC, 2006.

O samba agora vai... A farsa da música popular no exterior. Rio de Janeiro: JCM, 1969; 2ª ed., revista e aumentada, São Paulo: Editora 34, 2015.

Música popular: de índios, negros e mestiços. Petrópolis: Vozes, 1972; 2ª ed., 1975.

Música popular: teatro & cinema. Petrópolis: Vozes, 1972.

Pequena história da música popular brasileira: da modinha à canção de protesto. Petrópolis: Vozes, 1974; 2ª ed., 1975; 3ª ed., 1978; 4ª ed., São Paulo: Círculo do Livro, 1978; 5ª ed., revista e aumentada, com o título *Pequena história da música popular: da modinha ao tropicalismo*, São Paulo: Art Editora, 1986; 6ª ed., revista e aumentada, com o título *Pequena história da música popular: da modinha à lambada*, 1991; 7ª ed., revista, com o título *Pequena história da música popular segundo seus gêneros*, São Paulo: Editora 34, 2013; 1ª reimpr., 2015.

Música popular: os sons que vêm da rua. São Paulo: Tinhorão, 1976; 2ª ed., revista e aumentada, com o título *Os sons que vêm da rua*, São Paulo: Editora 34, 2005.

Música popular: do gramofone ao rádio e TV. São Paulo: Ática, 1981; 2ª ed., revista, São Paulo: Editora 34, 2014.

Música popular: mulher & trabalho (plaqueta). São Paulo: Senac, 1982.

Vida, tempo e obra de Manuel de Oliveira Paiva (uma contribuição). Fortaleza: Secretaria de Cultura e Desporto, 1986.

Os negros em Portugal: uma presença silenciosa. Lisboa: Editorial Caminho, 1988; 2ª ed., 1997.

Os sons dos negros no Brasil. Cantos, danças, folguedos: origens. São Paulo: Art Editora, 1988; 2ª ed., São Paulo: Editora 34, 2008; 3ª ed., 2012.

História social da música popular brasileira. Lisboa: Editorial Caminho, 1990. São Paulo: Editora 34, 1998; 1ª reimpr., 1999; 2ª reimpr., 2002; 3ª reimpr., 2004; 4ª reimpr., 2005; 2ª ed., 2010; 1ª reimpr., 2013.

Os sons do Brasil: trajetória da música instrumental (plaqueta). São Paulo: SESC, 1991.

A música popular no romance brasileiro — Vol. I, séculos XVIII e XIX. Belo Horizonte: Oficina de Livros, 1992; 2ª ed., São Paulo: Editora 34, 2000. — *Vol. II, século XX (1ª parte).* São Paulo: Editora 34, 2000. — *Vol. III, século XX (2ª parte).* São Paulo: Editora 34, 2002.

Fado: dança do Brasil, cantar de Lisboa. O fim de um mito. Lisboa: Editorial Caminho, 1994.

Os romances em folhetins no Brasil (de 1830 à atualidade). São Paulo: Duas Cidades, 1994.

As origens da canção urbana. Lisboa: Editorial Caminho, 1997. São Paulo: Editora 34, 2011.

A imprensa carnavalesca no Brasil: um panorama da linguagem cômica. São Paulo: Hedra, 2000 (originalmente Dissertação de Mestrado em História Social apresentada ao Curso de Pós-Graduação da Universidade de São Paulo em 1999).

As festas no Brasil colonial. São Paulo: Editora 34, 2000; 1ª reimpr., 2000.

Cultura popular: temas e questões. São Paulo: Editora 34, 2001; 2ª ed., revista e aumentada, 2006.

Música popular: o ensaio é no jornal. Rio de Janeiro: MIS Editorial, 2001.

Domingos Caldas Barbosa: o poeta da viola, da modinha e do lundu (1740-1800). São Paulo: Editora 34, 2004. Lisboa: Editorial Caminho, 2004.

O rasga: uma dança negro-portuguesa. São Paulo: Editora 34, 2006. Lisboa: Editorial Caminho, 2007.

A música popular que surge na Era da Revolução. São Paulo: Editora 34, 2009.

Crítica cheia de graça. São Paulo: Empório do Livro, 2010.

Festa de negro em devoção de branco: do carnaval na procissão ao teatro no círio. São Paulo: Editora Unesp, 2012.

Rei do Congo: a mentira histórica que virou folclore. São Paulo: Editora 34, 2016.

Música e cultura popular: vários escritos sobre um tema em comum. São Paulo: Editora 34, 2017.

ESTE LIVRO FOI COMPOSTO EM SABON,
PELA BRACHER & MALTA, COM CTP DA
NEW PRINT E IMPRESSÃO DA GRAPHIUM
EM PAPEL ALTA ALVURA 75 G/M² DA CIA.
SUZANO DE PAPEL E CELULOSE PARA A
EDITORA 34, EM FEVEREIRO DE 2017.